中学生
心理健康教育

谢莉 等◎编著

安徽师范大学出版社
ANHUI NORMAL UNIVERSITY PRESS
· 芜湖 ·

图书在版编目(CIP)数据

中学生心理健康教育 / 谢莉等编著. -- 芜湖：安徽师范大学出版社, 2025. 8. -- ISBN 978-7-5676-6984-0

Ⅰ. G444

中国国家版本馆CIP数据核字第2024ME5373号

中学生心理健康教育

ZHONGXUESHENG XINLI JIANKANG JIAOYU

谢　莉 等◎编著

责任编辑：吴俊瑶
责任校对：李　玲
装帧设计：王晴晴　张德宝
责任印制：桑国磊
出版发行：安徽师范大学出版社
芜湖市北京中路2号安徽师范大学赭山校区　　邮政编码：241000
网　　址：http://press.ahnu.edu.cn
发 行 部：0553-3883578　5910327　5910310(传真)
印　　刷：苏州市古得堡数码印刷有限公司
版　　次：2025年8月第1版
印　　次：2025年8月第1次印刷
规　　格：700 mm × 1000 mm　1/16
印　　张：16.5
字　　数：300千字
书　　号：978-7-5676-6984-0
定　　价：59.80元

《中学生心理健康教育》编委会

目　录

“心”的起点

新身份“心”适应

自我认同感是指一个人对自己的经历进行反思、总结后，能够认识、理解自己的一种心理健康状态，是在一个人成长过程中逐渐发展形成的，影响着一个人的幸福感。心理学研究表明，提升一个人的心理适应与社会适应能力，有助于其心理健康发展。自我认同感也是影响青少年心理健康发展的重要因素，对适应能力的发展起着重要作用。

高中阶段是青少年心理健康发展的重要时期，也是其自我认同感建立的关键时期。高中生处于生理和心理成熟与半成熟之间的过渡期，他们自身经验不足，在自我认知方面尚不完善。刚结束了初中阶段的学习生活，进入了高中阶段，此时，学生需要面对作息时间更为紧张的生活，内容增多、难度加大的知识，以及重新建立的人际关系，这对高中生的适应能力提出较高要求，高中生难免会感到迷茫与焦虑。因此，在课程中我们需要关注高中生适应能力的发展，这有助于帮助他们缓解焦虑，提升心理健康水平。

一、心理导航

生活是属于每个人自己的感受

余华老师是中国当代作家，是先锋派文学代表人物。他曾经经历过两次高考落榜，后来被分配到镇卫生院成为一名牙医。虽然牙医在别人眼中是一份令人羡慕的稳定工作，但余华不喜欢，他认为牙医一辈子都要看别人的口腔，那是“最没有风景的地方”。在枯燥的生活中，他不甘心让生命的激情被消磨，于是从零开始接触文学创作。虽然经历了无数次的退稿，余华并未放弃，而是越战越勇，直面不足，不断打磨自己的稿子。最终，他成为了中国文坛的“明星”作家。

余华说过，过度自我消耗，过度分析、思考、自我否定，只会让自己变得很累，即使什么都不做。在面对内卷、失业等引发焦虑的话题时，他总是用自己独特、温柔的语言风格描述困难与悲悯，用幽默来接纳不足，生活虽苦闷但是他始终心中向阳。读者在他的作品中找到了情感的共鸣，他的作品也因此受到广大读者的喜爱。

面对生活中的变化和不如意，每个人有不同的应对方法。我们需要找到适合自己的应对方法，在经历中更好地自省、接纳自己，认清自己的优势、劣势与目标追求。只有这样，我们才能选择正确的方向，脚踏实地追求自己的未来。

思考与讨论：

1.进入高中阶段，作为一名高一新生，你发现环境中有哪些变化？

2.面对这些变化，你的感受是怎样的？

3.在面对新环境时，我们有哪些方法可以更好地适应呢？

4.在余华老师身上，有哪些特质促进了他的成功？

美国心理学家埃里克森提出了“自我认同危机”的概念。青少年常常面临“我是谁”“我要往哪里去”的问题，经常会对此感到迷茫，因为他们对自己是怎样的人缺乏清晰的认识，对生活缺乏明确的方向和目标。如果我们能够建立起积极的自我认同，就能帮助自己更清晰地了解自身的价值，保持积极的心态，从而更好地应对生活中的困难与挑战。

二、心理之谜

自我认同感的英文翻译为“self-identify”，又称作“同一”，这一概念涉及哲学、心理学等多个领域。埃里克森人格发展阶段理论认为，青少年时期

（12—18岁）是角色同一性对角色混乱的人格发展关键期，这一时期个体对周围的环境有着新的思考，经常考虑自己是怎样的人，在各种角色互动中逐渐认清自己，认识到当下与未来的关系，建立起同一性。如果成功度过这一时期，个体就会拥有忠实的品质；如果在这一时期的发展过程中遇到困难，个体就会容易缺乏归属感，缺乏温暖、关爱他人的意识与能力。

在高中阶段，我们对自我认识、自我发展评价方面有着属于自己的见解，能够清楚地认识到自己与社会生活之间的联系，并在此基础上树立起适合自己的人生观和世界观；同时，自我认同与社会生活、人际等方面联系密切，也意味着我们自身的心理状态和外部环境是相互协调的。比如，我们小的时候想要当一名航天员，但是长大后我们会根据自己的喜好和特长来选择专业和职业。如果一个人对自己保持积极且准确的认识，其自信心和自尊心就会得到积极的维护，有助于他在不同环境中保持心理平衡，促进他对不同环境的良好适应，进而更好地面对困难和挑战。

适应指的是我们自身心理状态能够与外部的环境保持平衡，进入高中的首要任务就是适应高中生活。高中阶段常见的心理适应问题，包括学习适应、人际适应和环境适应等方面。

在学习适应方面，初中阶段的学习方式主要以教师讲课和示范为主，教师对学生的学习管理和督促较多；高中阶段的学习则需要学生养成自己的学习习惯，学会自主学习和自我管理。高中的课程内容比初中难度大，更加需要我们具有逻辑思维能力。很多新同学刚进入高中时，会出现“不会学习”的情况。

在人际适应方面，高中阶段的学生正处于青春期，他们的主要交往互动对象逐渐从父母转移到同伴。如果我们缺少了良好的交友技巧，可能会影响我们在新环境中良好人际关系的建立与维持。师生关系也是不容忽视的，良好的师生关系可以帮助我们在学业和生活上取得进步，但是刚进入高一年级的新同学和新环境中的老师互动较少，可能会出现焦虑、孤独等不良的情绪。

在环境适应方面，高中的学习时间更为紧张，学校到家的距离发生变化，有些同学们可能会住校，在适应新校园的同时，需要适应很多新变化，会有部分同学出现适应不良的情况。

面对适应不良的情况，我们需要及时关注自己的情绪及感受，采取积极的应对方法。

三、心理探索

（一）心理探索营之一

解锁新角色

指导语：欢迎高一新同学的到来。如果我们用游戏的方式打开人生，将人生看作一种养成性的任务游戏，那么随着主线任务的不断推进，我们在不断升级的同时，需要在不同阶段领取新任务，并且要在规定的期限内完成任务，才能解锁下一个任务关卡。我们现在进入“人生副本挑战计划”，每个人都是游戏里的主角，一路“打怪升级”，结束了紧张的中考，激活了新系统——高中。为顺利进入新系统，请主人公按照自己的实际情况，根据以下提示完成自己的人物设定。

①角色设定：如昵称、性格。

②技能设定：如语言、特长。

③爱好设定：如自己喜欢但并不精通的事情。

④天赋设定：如自己有哪些特别或者有天赋的地方。

请你结合过去的学习、生活经历，设定自己的角色属性（见表1-1）。

表1-1　“我”的角色属性

属性	智慧	健康	自信	目标明确	自我管理
属性值(0～10分)					
属性	自主学习	同伴交往	师生交往	环境适应	其他
属性值(0～10分)					

思考与讨论：

1. 我们新身份的主线任务有哪些（列举3～4个）？有哪些支线任务（列举3～4个）？

2. 除上述属性外，还有哪些属性可以帮助我们成功完成主线任务？

3. 回顾初一新生时的属性值，与之相比，现在的我们有了哪些进步？

4. 我们新身份最低数值的属性是什么？我们需要提高哪些属性值？

（二）心理探索营之二

进入新系统

现在我们进入高中新系统。经过了前一段时间在新系统里的学习和生活，你发现了哪些“新”？请同学们打开第一张空白A4纸，绘制“新世界”，可以用自己喜欢的彩笔进行装饰。

（1）设置登录页面：页面中需要具备主题词“高中”，名称、装饰自行设定。

（2）制作第一模块：在新系统中，你印象深刻的“新”有哪些？

（3）制作第二模块：在新系统完成任务的过程中，你遇到了哪些让你感到开心和感动的人或事？

（4）制作第三模块：在新系统完成任务的过程中，你发现自己感兴趣的事物（科目、活动）有哪些？

思考与讨论：

进入新系统，你在这里所遇到的人或事，以及正在进行的任务，帮助你提升你的属性值了吗？怎样提升的呢？

（三）心理探索营之三

树洞大吐槽

随着任务关卡难度的提升，在新系统中“打怪升级”并不是一件容易的事情，我们可能会遇到各种困难和不愉快的事情。进入高中新系统，你面临哪些让你感到困惑、不适应或者担心的事情？新系统里有一棵生长了很久的大树，它身上有一个树洞，请大家将这些事情吐槽在树洞中吧！

各位主人公，请以小组为单位，在组内分享自己想吐槽的事情。如果同组的其他人也有类似的苦恼，请你们相互击拳。你们吐槽的事情有解决的办法吗？请在组内分享。

组长收集大家吐槽的内容，填写树洞吐槽清单（见表1-2）。

表1-2　树洞吐槽清单

事件	种类	解决方法

（四）心理探索营之四

我的能量守护水晶

在新系统的“打怪升级”过程中，我们难免会遇到不如意的事情，如较难攻克的关卡或支线任务，让我们不能够顺利升级。这些事情确实会消耗我们的能量，如果消耗过多，可能会延缓我们前进的脚步，影响我们解锁未来关卡的速度，进而影响主线任务的完成。

因此，为了保护自身的能量，我们需要建立能量守护水晶。那我们的水晶能量源有哪些呢？可以是家人、朋友，可以是自己的兴趣爱好、特长，可以是自己过去的经历所积累的经验，甚至是我们自身的品质。守护水晶的满级设定为100分，如果每一种能量源可以带来0～10分的能量值，那我们的能量水晶可以达到多少分呢？请同学们思考后，完成图1-1。

我的水晶能量源：

图1-1　我的水晶能量源

思考与讨论：

1. 守护水晶中能量值最高的能量源是什么？为什么这是你最高的能量源？

2. 我们还可以怎样提高守护水晶的能量值？

与初中阶段相比，高中阶段对我们的学业要求更高，考试、成绩排名在我们的学习和生活中占据了重要的位置。在教育竞争激烈的环境下，虽然我们自身素质较高，但我们也面临着逐渐增大的竞争压力。心理学研究发现，有关学业发展、适应等方面的心理问题呈现上升趋势，学业焦虑、考试焦虑问题不断出现，这些也与我们对自身或他人的消极评价有关。我们对自己的期望与现实之间容易产生落差，对自己的定位并不清晰，且正处于自我意识快速发展的时期，对他人的评价更为在意。同时，我们更容易获得自身与同辈在学习成绩、排名方面的对比信息，容易在与同学之间的学业结果比较中产生焦虑感，对自我不认可，甚至怀疑自己的能力与价值。再加上环境的变化，自身竞争优势不够明显，很容易产生适应不良的情况。

高中阶段的青少年如果具有良好的心理适应能力，会对其的生活状态产生积极影响，有助于其在生活中获得积极的价值体验，从而能够达到个体更高层次的需求——自我实现。如果青少年在新环境中存在不良的适应状态，这不仅会阻碍其当下的进步，而且可能会一直持续到成年，对成年以后的生活状态造成消极的影响，更不利于未来社会角色的转变与身心健康的发展。进入新环境后，原本已经习惯、熟悉的模式被打破，没有完全适应新环境，人们就容易出现不安、焦虑等心理状态。尤其是当我们从原本熟悉的初中生活过渡到难度加大、学习节奏更紧张、挑战更多的高中生活时，难免会出现不适应的情况。这都是正常的心理反应，需要我们去及时地调节与应对。

四、心理拓展

心理适应包括情绪适应、学习适应、行为适应、社交适应等方面。我们可以从这几个方面入手，提高适应能力。

我们要学会自我激励并激发自我认识和学习的动力，以良好的心态应对竞争环境。我们在接受高中阶段教育的过程中，在评价方式上不应该局限于学业成绩，我们还应关注自我认识能力，以及音乐、体育等方面的发展，通过参与班级活动尽可能展示自己的优势，这样能够让同学、老师多方面地认识自己，构建良好的自我同一性。我们还可以关注自身的点滴进步和学习态度，在学习过程中强调自身努力的重要性，学会与自己的成绩进行纵向对比，减少与他人成绩的横向对比，从而减少学业比较带来的消极影响，正确地认识并认可自我。

在情绪方面，我们要接受进入新环境的自己，接受自己在新环境的所有情绪，不要试图压制、否认自己的负面情绪，接纳自己在新环境中的“不完美”。当负面情绪出现时，我们要多观察自己的感受和反应，允许它们的存在并让它们自然消退。自我认同是我们重要的能量，能够帮助我们勇敢面对挑战和认可自己的价值。当然，负面情绪出现时，我们可以通过写日记、体育运动和向他人倾诉等方式加以缓解。

在学习方面，我们要培养自主学习能力，做好自己的学习规划，设定合理的学习目标，掌握科学的记忆方法，注意劳逸结合，合理分配学习和娱乐的时间，避免过度劳累从而影响高中阶段的学习和生活热情。

在行为方面，适应性的行为是指我们获得适应生活的技能，包括概念性、社会性和实践性技能。概念性技能就是分析、预测和做出决断的能力，社会性技能包括有效处理人际关系、适应社会的能力，实践性技能包括日常生活需要具备的实践能力。我们在新阶段中需要学会独立自主，提高明辨是非的能力，加强自我管理。

在人际方面，我们要积极融入朋友圈，多与同学沟通互动，结交志同道合的同伴。我们要注意把握交友的原则和尺度，尊重人与人之间的边界，更好地融入集体生活；同时，我们也要积极地与老师沟通，形成亦师亦友的良好师生关系。这样才能更好地提高自身的适应能力，在高中阶段的“打怪升级”中更好地发挥出自身的优势，实现未来的目标。

同学们，面对接下来的新生活，让我们一起制订自己的学习计划，保持良好的心态，及时调整自己的学习节奏，更好地开启我们的新阶段！

参考文献：

[1]李程．高中生自我认同感和主观幸福感的关系及干预研究[D]．新乡：河南师范大学，2021.

[2]朱灵慧，韦舒雯，严由伟．高中生自我认同与社会适应的关系：同伴信任的中介作用[J]．福建医科大学学报（社会科学版），2021(3)：43-47.

[3]埃里克森．同一性：青少年与危机[M]．孙名之，译．北京：中央编译出版社，2015.

[4]尹航，赵青．高中新生适应期心理问题及学校教育对策研究[J]．吉林医药学院学报，2020(6)：443-444.

好书推荐：《看见看不见：高中生心理解忧杂货铺》，华东师范大学出版社2022年版。

影片推荐：《奇迹男孩》《律政俏佳人》。

健康从“心”开始

世界卫生组织前总干事马勒博士说过，健康并不代表一切，但失去了健康便失去了一切；哲学家叔本华说过，一个健康的乞丐比患病的国王更幸福；教育家洛克强调，若没有健康，就没有幸福。也许健康不等于幸福，但是没有健康就难以幸福，而没有心理健康，幸福同样难以实现。

一、心理导航

关于猴子的心理学实验

预备实验：把一只猴子的双脚固定在铜条上，然后给铜条通电，猴子挣扎乱抓。旁边有一个拉手，是电源开关。猴子受到电击时一拉开关就不痛苦了，这样猴子一被电击就拉开关，如此反复就建立了一级条件反射。然后每次在通电前，猴子前方的一个红灯就亮起来，多次以后，猴子知道了，红灯一亮，它就要受苦了，所以每次还不等通电，只要红灯一亮，它就先拉开关，这就建立了一个二级条件反射。预备实验完成。

正式实验：在这只猴子的旁边，再放一只猴子，与第一只猴子并排固定在铜条上，隔一段时间就亮红灯、通电，每天持续6小时。第一只猴子注意力高度集中，一看到红灯亮就赶紧拉开关，第二只猴子不明白红灯亮是什么意思，无所事事，无所用心，过了二十几天，第一只猴子就死了。

究竟是什么原因导致第一只猴子很快死亡呢？

科学家发现，第一只猴子死于严重的消化道溃疡。在实验之前，研究人员对它进行过体检，并未发现它有任何胃病，可见消化道溃疡是它二十几天内新得的病。第一只猴子要"工作"，它的责任重，压力巨大，它每天精神紧张，焦虑不安，担惊受怕，导致它的消化系统和内分泌系统紊乱了，因而得了消化道溃疡。

由此说明，不良的情绪会产生过高的应激反应，将严重损害身体健康。

思考与讨论：

1.这个故事给了你什么启示？

2.你认为健康除了身体健康之外，还包括哪些方面？

3.能说说你曾经是怎样通过调整心态来促进身心健康的吗？

生理学家巴浦诺夫认为，忧愁、顾虑和悲观可以使人得病；积极、愉快的情绪和坚强的意志可以战胜疾病，可以使人更强壮和长寿。

二、心理之谜

（一）我对"健康"知多少

过去很长一段时间，人们普遍认为没有疾病和身体不适，就是健康。这种"无病即健康"的传统观念一直束缚着人们对健康的正确理解。在日常生活中，人们比较注意锻炼身体，重视身体健康，一有头疼脑热就去看医生，却很容易忽视心理健康。一旦心理出现问题，一方面，人们不能意识到是心理问题（如焦虑症等）；另一方面，人们即使意识到是心理问题，却往往不能正视。

随着现代医学的发展，传统的健康观逐渐被新的健康观所代替。1989年联合国世界卫生组织对健康给出了新的定义，即"健康不仅是没有疾病，而且包括躯体健康、心理健康、道德健康和社会适应良好"。我们来看看这四个方面的具体内容（见表1–3）。

表1-3 健康的四要素及它们之间的关系

要素		具体内容
健康	躯体健康	人体结构完整,生理功能正常
	心理健康	在身体、智能、情感上与他人的心理健康不矛盾的范围内,个人心境发展最佳的状态
	道德健康	在稳定的道德观念支配下表现出来的一贯的符合社会道德规范的行为
	社会适应良好	能胜任个人在社会生活中的各种角色,能立足角色创造性地工作并取得成就,奉献社会,实现自我
四要素之间的关系		躯体健康是其他健康的生理基础;心理健康与躯体健康相互作用;以心理健康为基础而发展起来的道德健康高于单纯的心理健康;社会适应良好是心理健康的充分体现,是健康的最高境界

（二）心理健康的评判标准

心理健康是指个体在各种环境中，能保持良好的心理状态。也就是说，一个人在各种环境中都能保持积极、乐观、向上的状态，在外界环境发生变化时，能及时地调整自己的心态，与外界环境相协调。那么，我们如何判断自己的心理是否健康呢？这里有两条非常清晰易懂的原则。一是快乐原则，即心理活动的主观感觉良好。我们的任何行为都会伴随着主观感受，也就是说，我们做任何事都会有着相应的内心体验。如果一个人经常遭受严重的忧郁、焦虑等不良情绪的困扰，并且这些烦恼与痛苦影响了自己的生活质量；如果一个人经常失眠、头痛、注意力不集中、记忆力减退、情绪不稳定，并为此感到不安；如果一个人不敢当众发言，不敢与陌生人打交道，一想到要在公众场合说话就会脸红、心跳、出汗甚至发抖，并为此感到自己无能；如果一个人常出现一些毫无意义的念头、怀疑与行为，想控制又控制不了……诸如上述情况，都会让人感到不安、烦恼甚至痛苦。总之，就是对自己的心理状态不满意，感觉不快乐，很苦恼。这是一种根据人的主观感受来判断自己是否处于健康状态的方法。

二是现实原则，即社会适应良好。按照第一条快乐原则，我们会发现，有一类人，他自我感觉非常好，但别人会觉得他让人无法忍受。因此，自我感觉良好的人不一定都是健康的。例如，精神病是心理疾病中最严重的一类，但精神病患者从来不会意识到自身存在疾病，用专业术语说，精神病患者缺乏自我意识，病情越严重的患者，往往越难以认同自己患病；那些自我防御意识很强的人，整天沉浸在自我安慰的状态里，但自己并未觉察；而比较自私自利的人，通常以自我为中心，只关心自己的感受，从不顾及他人的感受。这些人很快乐，但他们的心理并不健康。因此，衡量一个人的心理是否健康，除了自我感受外，还必须考虑其社会适应性，一个人的心理活动与外部环境是否具有同一性，即一个人的所思所想和所作所为能否正确地反映外部世界、有没有明显差异。每个人都生活在社会中，一个心理健康的人必须适应社会，与社会处于和谐状态而不是对立状态。个人与社会的适应情况表现在对自己、对他人、对集体、对社会的态度上，表现在与他人和社会建立的联系上，也表现在对各种事情的处理上。

需要强调的是，这两个原则是衡量心理是否健康的基本原则，无论不符合哪一个原则，都是不健康的，甚至是病态的。

心理健康与不健康之间并没有一条绝对的分界线，而是表现为一种连续、不断变化的状态。不健康的心理和行为不能完全等同于心理不健康。判断一个人的心理健康状况，不能简单地根据一时一事下结论。一个人偶尔出现一些不健康的心理和行为，并不意味着这个人就是心理不健康的。

（三）我的健康我维护

当我们意识到自己的心理状态有从健康向不健康发展的趋势时，我们要及时干预它。首先，学习心理健康知识，自我调节。其次，多与人交流，积极主动地参加各类社会实践活动。当出现心理困扰时，与人交流可以有效舒缓负面情绪。当你觉得通过自我调节和与他人交流都解决不了问题时，别害怕，你还可以寻求专业的帮助，那就是接受正规的心理咨询。

心理咨询是指心理咨询师运用心理学的有关知识、理论与技术，通过谈话、协商等方式，来帮助来访者认识自我、发展自我、重建人格以达到自强自立的过程。

心理咨询不仅能帮你解决好当前的问题，而且能通过处理这些问题来深化你对自我的认识，帮你有效地面对各种现实问题、纠正某些错误的观念，帮你悦纳自己，增强自信，正确地面对自己，面对他人。有同学会想："心理咨询那么有用，我也要去接受心理咨询，但我怕别人认为我有心理疾病。唉，算了吧，心理咨询就是谈话，那不就是做思想工作吗，跟上思政课有什么不同，还是不去了吧。"或者有的同学认为只要有问题，就找心理咨询师，认为咨询一次心理问题就能全部解决。其实这两种想法都是错误的。我们来看一下心理咨询中的"不等式"。

心理问题≠精神病

心理咨询≠无所不能

心理咨询≠思想工作

首先，心理问题不等于精神病，心理问题与精神病是两个不同的概念。心理问题是日常生活中经常会遇到的，因为这些问题求助于心理咨询师并不是一件不正常或泄露隐私的事情；相反，这其实表明个体具有较高的生活目标，希望通过心理咨询更好地完善自我，而不是回避和否认问题。有相当一部分人认为患有精神病的人就是疯子，其实他们所说的精神病严格地来讲是重性精神病，它与一般的心理问题和轻度心理问题有很大的区别，绝大部分精神病患者对自己的病症没有认知，更不会主动求医。

其次，心理咨询不是无所不能的，心理咨询师也不是"救世主"。许多来访者将心理咨询师神化，认为心理咨询师就是个"开锁匠"，什么样的心结都能一下打开，所以常常只来一两次，没有达到所期望的"豁然开朗"的效果，就大失所望，再也不来了。实际上，心理咨询是一个连续的、难解难分的改变过程。不要希望一两次心理咨询就能"根治"心理问题，因为心理问题常与来访者的个性及生活经历相关，它就像一座冰山，冰封已久，没有强烈的求助、改变的动机和决心与之抗衡，是难以冰消雪融的。

最后，心理咨询更不是做思想工作。思想工作的目的是说服对方服从、遵循社会规范、道德标准和集体意志，而心理咨询则是运用专门的理论和技巧寻找心理障碍的症结并予以诊断治疗，咨询者持客观、中立的态度，而不是对来访者进行批评教育。另外，某些心理障碍需要结合药物治疗，更不是思想工作所能取代的。

三、心理探索

（一）心理探索营之一

我“心”领悟——我这一周

指导语：请同学们静下心来想想你这一周的生活，有没有发生什么事情给你带来各方面的变化？并将感受写下来。

我的身体情况：____。

我的心情：____。

我的人际关系：____。

我的日常生活：____。

我的学习状态：____。

思考与讨论：

1.你这一周产生了哪些积极的情绪，还有哪些消极的情绪？

2.积极的情绪给你带来了什么，消极的情绪给你带来了什么？

3.我们自己要学会“向内看”，只有经过自我探索，才会获得经验，才能得到真正意义上的成长。这是一个漫长的过程，我们的课程就像一粒种子，埋在你们的心里，成长还需要你们自己细心呵护和浇灌。我们试着来种下自己心里的“种子”吧。

（二）心理探索营之二

我的心理自画像

“心理自画像”可以是形象的肖像画，也可以是抽象的比喻画；可以是单色的，也可以是彩色的；可以有主题，也可以无主题。请大家跟随自己内心的想法，用任一形式来画出自己。

思考与讨论：

1.你为什么画这个“心理自画像”？

2.请大家将自己的作品展示出来吧。

（三）心理探索营之三

我是怎样成为今天的“我”的？

游戏主题：我是怎样成为今天的“我”的？

时间：约20分钟。

目的：通过游戏，学生对自己的经历做出评估，理解每个人有不同的人生经历，增强自己对“过去”的认可和对“未来”的信心。

步骤：

（1）亲爱的同学，你是否愿意跟着时光的翅膀飞到过去，与过去的自己谈谈心？请大家在纸上画一个坐标，横坐标代表年龄，纵坐标代表自己对生活的满意度。

（2）请大家找出自己生活中一些重要的转折点，连成线，边看边思考，并用虚线表示自己未来的人生去向。

（3）对你影响最大的事是什么？有怎样的影响，你是如何走出低谷期的？

（4）你对自己的人生有什么期待？

（5）分小组开展游戏，每位同学在小组内坦诚相待，根据坐标图向其他成员分享自己的人生经历，通过相互分享了解彼此不同的人生经历。

四、心理拓展

（一）心理健康的标准

（1）智力水平正常：一般来说智商在90以上为智力正常。

（2）自我意识正确：自我意识正确是个体心理健康的核心标准，它提倡一种积极的自我观念，包括了解自我、接纳自我和完善自我。

（3）人际关系和谐：人类是天生社会性动物，我们每个人都处在复杂的关系网中，扮演着不同的角色，人际关系和谐是维持心理健康的重要条件。心理健康的人乐于交往、待人真诚、态度积极。

（4）生活平衡积极：对于学生来说指的就是学习与生活协调，能恰当安排自己的学习与生活，劳逸结合，享受生活的同时也享受学习，最大限度地利用时间。

（5）社会适应良好：适应社会是一个循序渐进的过程，从接触社会、认识社会、了解社会到适应社会。

（6）情绪乐观向上：布雷迪的猴子实验告诉我们，情绪是影响身体健康的。

（7）意志行为健全：意志是人类特有的心理现象，也是人的主观能动性的表现，体现在行动自觉、果断上。它还要求反应适度，做到言行一致且反应要符合情境。

（8）人格统一完整：人格是人的整个精神面貌，是心理特征的总和。人格缺陷或障碍是一种复杂的精神健康问题。

（9）心身特征一致：心理年龄（认识、情感、言语举止）和生理年龄基本一致，无严重偏离。

（二）幸福的心理密码

只有心理健康，才有幸福人生。只有你觉得自己是幸福的，你才会幸福，反之，如果你感觉不到幸福，无论在别人眼里你是多么幸福，你内心也是疲惫和痛苦的。那么，如何使我们保持良好而积极的心态，让自己常常感觉到幸福呢？

密码一：知足感恩，减少选择。

不要给自己太多的选择。在一个社会学实验中，在超市门口有A、B两组果酱的试吃活动，所不同的是A组果酱有6种，B组果酱有24种，选择试吃B组果酱的人更多。结果一天下来，B组的试吃人数比A组多20%，但是品尝A组果酱后购买的人数达到30%，是B组的6倍。选择越多，要选出自己的“心头好”当然就得花更多的时间。但是人们花在买东西上的时间越多，他们就越发不享受这个过程了，买东西越发感受不到“快乐”的感觉。

这个实验启示我们：虽然人们认为自己喜欢拥有更多的选择，但是其实大部分人并不需要太多选择。对于我们的大脑来说，过多的选择实际上就是一种负担，我们更倾向于减少选择。

密码二：建立积极的思维方式。

情绪ABC理论，又称合理情绪理论，认为对事件正确的认识一般会引起适当的行为和情绪反应，而不合理的信念往往是导致一个人产生不良情绪的直接原因。人有理性和非理性两种信念，消极的情绪通常来自非理性信念，因此要将人的非理性信念转化为理性信念。常见的非理性信念包括以下几点。

第一，绝对化的要求。这是一种以自己的意愿为出发点，认为某些事情必定会发生或不会发生的思维方式。例如，有人可能认为“我必须成功”“这件事我一定要干好”“别人必须友好地对待我”等。

第二，过分概括化。这种信念会导致人们以偏概全地对待自己或他人，以某一件或某几件事来评价自身或他人的整体价值。例如，面对失败，有些人可能会认为自己“一无是处”或“毫无价值”。

第三，糟糕至极。这是一种将事物的可能后果想象、推论到非常可怕、非常糟糕甚至是灾难性程度的非理性信念。例如，一次失败就认定自己再也没有幸福了，再也没有机会了。

我们每个人每天都有很多想法，有些是真实的，有些则不然。我们不要盲目相信自己的每一个想法。

以一个具体的例子来说明：寝室里“我”最好的朋友早上没叫我起床，而是自己先去食堂吃早饭了，这可能会引起“我”的非理性想法。比如“她不在乎我”，“我永远也交不到对我好的朋友，我真失败”，这些想法会导致“我”的心情变得非常糟糕。

面对这些非理性的想法，我们可以采取以下方法来应对。

（1）寻找证据：“我”的这个想法有证据吗？反证据是什么？

（2）利弊分析：这个想法给“我”带来的好处是什么？坏处是什么？

（3）其他可能性：她早起可能有别的事情，或者她想让“我”多睡一会儿；“我”认为的那种可能其实是极小的一部分。

密码三：获得价值感和意义感。

1.确立目标

要经常保持良好的心态，关键是要树立远大的理想和信念，并培养自己的自信心。同时，在生活中要注意培养自己的意志力，积极锻炼身体，保持精神振奋。虽然说学习成绩、生活环境、人生境遇、季节气候和个人健康状况，都会对一个人的心境产生影响，但是一个人的主导心境更多的还是由生活目的、事业理想决定的。一个理想远大、胸襟开阔的人，对生活充满了希望，心境自然是乐观的、愉悦的。反之，如果一个人偶有失意，就耿耿于怀，那么他的心境一定是苦闷的，那样还有何幸福可言呢？乐观的人多数具备自爱、自信和强大的自我控制能力。鉴于此，我们可以通过设定短期目标来激励自己，增强自己的信心，通过和他人合作学习，提高自己的社交能力。

2.坚定信念

在面对困难时，坚定信念非常重要。我们应该相信自己能够克服困难并实现目标。无论情况如何，我们都应该坚定地保持自己的信念，并继续努力。大多数幸福的人通常会多次调整自己的方法，但绝不轻易放弃目标；大多数不幸福的人则常常改变目标，却很少改变实现目标的方法。

3.积极行动

深思熟虑固然重要，但行动更加关键。轻易得到的东西人们往往不会珍惜，而那些通过努力和奋斗得来的幸福才倍显珍贵。正如王阳明所说："夫学、问、思、辨，皆所以为学，未有学而不行者也。"这句话的意思是，学习、询问、思考、分辨，这些都是学习过程中的重要环节，但要掌握知识或技能，只学不做是远远不够的。在生活中，我们应该做好每一件小事，珍惜生活中的各种小确幸，这些小小的幸福汇聚起来就能形成大大的幸福。

参考文献：

俞国良.心理健康教育理论政策研究[M].北京:北京师范大学出版社,2020.

好书推荐:《蛤蟆先生去看心理医生》,天津人民出版社2020年版。

影片推荐:《美丽心灵》《心灵捕手》。

走出“迷”网

随着信息时代的飞速发展，网络已成为人们工作和生活离不开的工具和媒介。人们不仅可以通过网络探索世界，学习新知识，还可以通过网络结交新朋友，分享心事以释放压力，甚至可以挑选和购买心仪的商品。网络虽然给我们的生活和学习带来了很多的便利，但沉迷于网络世界产生的负面影响同样值得我们深思。因此，我们在享受网络带来的便利的同时，也要时刻保持警惕，理性看待网络的利与弊。

一、心理导航

网络，难以抗拒的魔力

小铭是一名高中生，自从接触网络游戏以来，他逐渐沉迷其中。他每天花费大量时间在网络游戏上，与家人和朋友的交流越来越少。渐渐地，他变得孤僻、冷漠，对学习也失去了兴趣。他经常在课堂上打瞌睡，作业也经常不能按时完成。由于成绩下滑严重，学校老师多次找他的家长谈话。然而，他的家长忙于工作，未能及时关注小铭的变化。小铭的情况逐渐恶化，最终因沉迷网络而辍学。辍学后，他更加沉迷于网络游戏，与家人的关系也进一步恶化。随着时间的推移，小铭变得愈加孤僻和自闭，不愿与他人交往，甚至出现了自我伤害的行为。

网络，神奇的魔法师

当今是信息时代，网络如神奇的魔法师般改变着我们的生活方式、交流方式及思维方式。网络的力量太神奇了！小睿就是网络与科技发展的受益者。以前的他性格内向，不善言辞，人际交往时会感到紧张不安。现在通过网络，他可以自如地与他人沟通交流，并通过网络进行在线学习及搜集学习资料等。网络，像一位熟悉的知己，帮助他克服了人际交往的恐惧；又像一位无所不知的导师，引导小睿的知识从书本延伸到书外，不再局限于狭窄的课本知识。因此，小睿的学习和生活变得丰富多彩，小睿也获得了成长和发展。

思考与讨论：

1.你自己或周围同学是否有过类似的经历？

2.回忆一下，网络对你的生活和学习产生了哪些影响？

二、心理之谜

随着科技的飞速发展，我们已迈入了全新的数字时代。信息时代的到来，意味着信息技术的革命性飞跃和智能化普及。科技革新不仅为我们带来了便利，还为各行各业带来了全新的发展契机。例如，人工智能已经成为众多领域的“神器”，从医疗健康、金融科技到智能制造等领域都有它的身影。大数据帮助我们分析海量数据，优化决策过程。云计算则让信息的存储和处理变得更加高效，为各行各业提供了强大的计算支持。物联网技术使得万物互联，将物理世界与数字世界紧密结合，从而创造更多的智能应用。

可见，科技创新成为推动社会进步的重要力量，为我们开辟了一个充满无限可能的新世界。同时，我们也需要正视数字时代带来的挑战，共同探索应对策略，以实现科技与人类的和谐发展。

网络，这个充满魔力的信息宝库，为学生提供丰富的学习资源的同时，它也如同一双无形的“魔手”，让部分学生深陷其中，难以自拔。一些学生沉迷于互联网的虚拟世界，导致学业荒废，回避人际交往，甚至出现了各种心理问题。

《青少年蓝皮书：中国未成年人互联网运用报告（2023）》显示，中国未成年人的互联网普及率基本达到饱和，10 ~ 19岁的青少年网民占比为13.9%，青少年网民数量近2亿。由于网络的新颖性、虚拟性、互动性及参与性等特点，中学生对之产生依赖是无可厚非的。它能扩大中学生的交往范围，突破狭隘空间的限制，帮助中学生找到更多的伙伴和朋友，可以让中学生从中更快、更便捷地学习更多的新知识，了解世界，充实自我。这些对中学生的心理健康有着积极的意义。

然而，有些中学生过于沉迷网络，一旦接触就难以自拔，网络便成了“电子海洛因”，进而带来很多负面影响，如人际关系、学业、身心健康等方面问题。因此，网络如同一把双刃剑，有利也有弊，我们在享受网络带来的便利的同时，也要注意防范网络带来的风险与危害。

随着数字时代的到来，我们在积极追求科技进步的同时，需充分关注人类的全面发展，以避免过度依赖科技而降低创造力，还需要培养“数字化学习与创新”素养。

那么，什么是“数字化学习与创新”？

“数字化学习与创新”是指个体通过评估并选用常见的数字化资源与工具，有效地管理学习过程与资源，创造性地解决问题，从而完成学习任务，形成创新作品。具备数字化学习与创新能力的个体，能够认识数字化学习环境的优势和局限，适应数字化学习环境，养成数字化学习与创新的习惯。他们掌握数字化学习系统、学习资源与学习工具的操作技能，能够利用这些技能开展自主学习、协同工作、知识分享与创新创造，从而助力自身终身学习能力的提高。

我们可以从以下几点培养“数字化学习与创新”素养。

（1）找准契合点，树立现代信息意识。在发现问题的过程中增强信息意识，在寻找具体的解决方法中培养计算思维，在解决问题的过程中明确信息社会责任。

(2) 把握落脚点，探索数字化学习方法。通过绘制思维导图表达思想并梳理成观点结构图，搜索和处理相关信息，积累个性化学习资源，充分利用各类数字化工具的优势，通过使用数字化工具进行合作学习、自主学习和创新创造。

(3) 挖掘生长点，激发数字化创新思维。通过外界丰富的数字化学习环境，在数字化学习活动中熟练掌握数字化工具的使用方法，在创造性解决问题并形成个性化的数字作品过程中，不断培养和提升自身的创新能力。

总之，“数字化学习与创新”素养为我们架起与外部信息社会沟通的一座桥梁，帮助我们更好地与外界进行信息交流，带领我们融入这个快速发展的数字化时代，从而助力我们的终身发展和可持续发展。

三、心理探索

(一) 心理探索营之一

辩论赛：中学生上网的利与弊

当今是信息时代，网络改变着我们的生活方式、交流方式及思维方式，它的方便和快捷，为我们的学习、生活和工作带来了很大的便利，但也经常出现网络成瘾的种种案例。纵观网络时代，以“中学生上网的利与弊”为主题，在班级组织一次辩论赛。

1.辩论赛流程

步骤一：学生持有两种观点，正方观点为“中学生上网利大于弊”，反方观点为“中学生上网弊大于利”，持相同观点的学生坐在一起，小组交流讨论，为自由辩论做准备。

步骤二：开展班级自由辩论赛，组织辩手对自己的观点进行陈述与辩论，两队交替自由发言，每次只能由一位辩手发言。

步骤三：盘问对方陈词，提出疑问，请对方辩友回答。

步骤四：总结陈词，两队各请一名辩手就自己方的观点做总结发言。

2.辩论赛规则

盘问规则：每位辩手回答应简洁，每次提问只限一个问题；对方辩手提出问题时，被问一方必须回答，不得回避，也不得反问。

自由辩论规则：自由辩论发言必须在两队之间交替进行，首先由正方一名辩手发言，发言队员坐下后，由反方一名辩手发言，双方轮流，直到时间用完为止；当一方发言结束坐下后，即开始计算另一方发言用时；如果正方时间已经用完，反方可以继续发言，直到时间用完为止。反方也可以放弃发言，放弃发言不影响打分。比赛中，辩手不能照本宣科，不得离开座位，不得打扰对方或本方辩手发言，辩论时不得进行人身攻击。

（二）心理探索营之二

测一测你对网络的依赖程度

指导语：下面是一份关于网络使用情况的调查问卷（见表1–4），请结合自己一年之内的实际情况，在相应的选项内画"○"。其中，"1"代表极不符合，"2"代表不符合，"3"代表符合，"4"代表极符合。

表1–4　关于网络使用情况的调查问卷

题号	题目	极不符合	不符合	符合	极符合
1	曾不止一次有人告诉我，我花了太多时间在网络上	1	2	3	4
2	我只要有一段时间没有上网，就会觉得心里不舒服	1	2	3	4
3	我发现自己上网的时间越来越长	1	2	3	4
4	网络断线或接不上时，我觉得自己坐立不安	1	2	3	4
5	不管再累，我上网时总觉得很有精神	1	2	3	4
6	其实我每次都只想花一点时间上网，但常常花很长时间	1	2	3	4
7	虽然上网对我的日常人际关系造成负面影响，但我仍未减少上网次数	1	2	3	4

续 表

题号	题目	极不符合	不符合	符合	极符合
8	我曾不止一次因为上网而睡不到四个小时	1	2	3	4
9	从上学期以来,我每周平均上网的时间比以前增加许多	1	2	3	4
10	我只要有一段时间没有上网就会情绪低落	1	2	3	4
11	我不能控制自己上网的冲动	1	2	3	4
12	我发现自己因为上网而减少了和身边朋友的互动	1	2	3	4
13	我曾因上网而腰酸背痛,或有其他身体不适	1	2	3	4
14	我每天早上醒来,想到的第一件事就是上网	1	2	3	4
15	上网对我的学业已造成一些负面的影响	1	2	3	4
16	我只要有一段时间没有上网,就会觉得自己好像错过了什么	1	2	3	4
17	因为上网,我和家人的互动减少了	1	2	3	4
18	因为上网,我平常休闲活动的时间减少了	1	2	3	4
19	我每次上网结束后其实是要去做别的事,却又忍不住再次上网看看	1	2	3	4
20	没有网络,我的生活就毫无乐趣可言	1	2	3	4
21	上网对我的身体健康造成负面的影响	1	2	3	4
22	我曾试过花较少的时间在网络上,却无法做到	1	2	3	4
23	我习惯减少睡眠时间,以便能有更多时间上网	1	2	3	4
24	比起以前,我必须花更多的时间上网才能感到满足	1	2	3	4
25	我曾因为上网而没有按时进食	1	2	3	4
26	我会因为熬夜上网而导致白天精神不集中	1	2	3	4

结果与解释:

该量表是根据中国台湾陈淑惠教授编制的《中文网络成瘾量表》改编的，共26道题目，4级评定，得分越高表明沉迷于网络的程度越严重。

思考与讨论：

1.完成问卷后，你认为你的网络依赖程度如何？

2.网络依赖会对我们的生活和学习带来哪些影响？

（三）心理探索营之三

金点子：智慧上网的方法与技巧

当今社会是一个信息化的社会，在这个信息高速流通的社会中，网络成了人们生活中必不可少的一部分。然而，网络是把双刃剑，它能够给我们带来便利和益处；但如果利用不当，也可能会对我们造成伤害。我们要正确地认识网络，合理地利用网络，使网络更好地造福于我们，让网络助力生活，推动社会发展，不要让网络成为束缚我们的枷锁，阻碍社会的发展。

为了能够科学合理地使用网络，避免因过度依赖网络而影响身心健康，同学们应该树立科学上网的意识，加强自我修养，提高自我管理能力。请同学们一起讨论智慧上网的金点子，互相分享。

四、心理拓展

网络游戏的利与弊

网络游戏深受广大青少年的喜爱。网络游戏作为科技和社会发展的产物，自出现的那一刻起，就与青少年群体形成了紧密的联系，其对青少年心理健康的影响也是显著的。

（一）利

（1）满足自我心理需求。积极健康的网络游戏对青少年的身心发展是有益的。青少年都有着积极探索外部世界的欲望，变幻多姿的大千世界给他们带来了很强的求知欲和自由想象的空间，但是由于受到社会、学校、家庭以及自身等因素的限制，他们的很多追求在现实中暂时不能实现，而网络游戏所提供的虚拟环境为青少年发展自我、完善自我提供了平台，这在一定程度上满足了青少年的自我心理需求。在网络游戏中，青少年可以自由地表达情感，进行思想上的交流。网络游戏可以弥补青少年在现实生活中的情感缺失和思想上的不成熟等，有利于他们培养健康的情感，调整自己的心态，让他们在心理发展上达到一个更加健康和平衡的状态。

（2）拓展人际交往空间。网络游戏改变了青少年之间的沟通方式，通过游戏这个中间媒介，人与人之间的交往突破了时间、空间、人数的限制。在网络游戏中，青少年可以自由平等地沟通和交流。他们还可以与不同的人围绕游戏这个共同话题进行交流，探讨游戏攻略，交流体会和心得。

（3）锻炼自我智力水平。网络游戏在培养青少年的创造力和自我完善能力等方面都有着潜移默化的影响。很多游戏进程和结果都是由玩家自己控制的，这给了他们一个很好的自由发挥的空间，他们可以充分发挥自己的创造力。另外，很多游戏是对智力和能力的挑战，这就要求玩家在游戏过程中始终保持清醒的头脑、缜密的思维、灵活的应变能力等，这在某种意义上对青少年智力的发展起到了积极的作用。

（二）弊

（1）易混淆现实与游戏角色。网络游戏的逼真性、互动性、虚拟性能使玩家不知不觉地沉浸其中，不惜花费大量的时间和精力。久而久之，有些玩家就容易把游戏中的一些场景带入现实生活，混淆了现实中的自我和游戏中的自我，在生活中与人发生矛盾冲突时，便可能不自觉地模仿游戏中的暴力行为，甚至引发犯罪行为，在媒体中我们经常可以看到有关青少年因沉迷网络游戏而导致犯罪的相关报道。可见，过度沉迷于网络游戏不利于青少年区分网络与现实，不利于青少年自我同一性的形成。

（2）易产生情感障碍和价值观偏颇。青少年过度沉迷于网络游戏，必然会使身体健康受到严重的损害，进而影响情绪和情感，产生情感障碍。长期沉迷于网络游戏，可能导致青少年以自我为中心，不关心现实世界，漠视他人、集体和国家，丧失社会责任感和使命感。游戏中的虚幻情节和侠义的精神吸引了青少年，也容易误导他们，使他们的价值观产生偏颇。网络游戏的虚拟性使玩家在游戏中可以我行我素，不用理会基本的社会道德和规范的约束。在游戏中可以攻击他人，甚至可以战胜别人并霸占别人的财产，这些容易误导青少年的道德观念，会使他们认为通过伤害他人来达到自己的目的是合理的。青少年一旦形成了错误的道德观念，就不可避免地会在现实生活中违反社会道德和规范，危害社会和他人。

网络游戏毕竟是一个虚拟的交流空间，人们不可能时刻生活在这样的一个空间内。正确、客观地认识和对待网络游戏，是青少年心理健康良性发展的重要条件。

参考文献：

姚本先．心理健康教育·高中一年级上册[M].合肥:安徽人民出版社,2014.

好书推荐:《人类网络——社会位置决定命运》,中信出版社2019年版。

影片推荐:《智能大反攻》。

成长充电站

初入新环境，面对陌生的同学和繁忙的学业，你的状态还好吗？是什么支持你面对了这一切？也许是父母的鼓励、同伴的支持、友好的环境……正是身边的这一切构成了我们的社会支持系统。心理学研究表明：良好的社会支持有利于身心健康的发展，而劣性社会关系的存在则损害身心健康。

美国心理学家安托露丝曾把个体的社会支持系统比作“人生护航舰”，我们能从与他人的互动中获取情感的支持，缓解心理压力，提升自身对环境的适应能力。有些人的社会支持系统稳定，在身边人的帮助下，在遇到困难时能够很快地调节情绪，积极付诸行动。也有些人较少感受到身边人的支持，或是自己对他人的支持较少，这类人在遇到困难和挫折时，更多地通过自身努力走出困境，有时难免会陷入负面情绪。

社会支持系统很重要。在成长过程中，你是如何构建自己的社会支持系统的？又是怎样从中获得支持的呢？

一、心理导航

关注“心理电量”

朋友你好！欢迎来到别样时空。生活在我们这个奇妙的空间里，所有人的状态都可以通过他们的心理电量体现出来。街道上来来往往的人都有着自己的即时电量，如果一个人的身心状态良好，感觉到自己心情愉悦、行动力很强，那么他的心理电量就会很高；反之，如果一个人的心理电量很低，则表示他最近遇到一些事情，身心状态不佳。如果稍加注意，我们也能观察到他人的心理电量：你会发现每个人的心理电量各有不同，而且他们的心理电量并非一成不变，会随着外界环境的变化而变化。

如果你了解我们这里的人，你会发现每个人充电的方式都不尽相同。有的人喜欢沉浸在书籍的海洋中，让知识为心灵注入能量；有的人选择与挚友倾心交流，在倾听与倾诉中找到平衡；还有的人则选择进行一些轻松的活动，如运动、听音乐、绘画等，让自己的心情得到放松和舒缓。无论选择哪种方式，只要能让你的心灵得到滋养，就是有效的充电方式。而现在，我们最想和你分享的是社会支持这种充电方式。

瞧，迎面走来的那个人正是伊伊，他最近刚升入高中，心理电量一直在下降。伊伊身边有人看到了他的心理电量……

思考与讨论：

1.你认为伊伊遇到了什么事情，导致他的心理电量降低？

2.如果让你续写故事，你认为伊伊身边的人是谁？他们会带给伊伊怎样的支持呢？

在每个人的内心深处，都存在着这样一种无形的力量，它如同电池的电量一般，决定了我们的情绪状态和面对生活的态度。我们将这种无形的力量比作“心理电量”，在心理学上称之为“心理能量”。瑞士著名心理学家荣格提出，人的心理能量是一种普遍的生命力，它推动着我们去完成各项心理和行为活动。

当我们拥有充足的心理电量时，便能勇敢地面对生活中的种种挑战，让生活变得更加充实和美好。但有时难免遇到一些事情，导致我们的心理电量变低。当我们意识到“心理电量”不足时，我们需要为自己的内心“充电”。不过这个“充电”的过程并非一蹴而就，它需要我们调整自己的心态，放松自己的心情。我们也可以试着求助于自己的社会支持系统，通过外界的帮助增加自己的心理能量。

研究发现，社会支持资源越丰富，人的情感满意度、生活幸福感、心理状态以及整体精神面貌就越呈现出积极的趋势。

二、心理之谜

社会支持与心理能量

美国心理学家萨拉森（Sarason）将社会支持视为一种人际关系的体现，这种关系不仅客观存在，而且能够被个体所感知。社会支持是个体与个体或个体与群体之间的依存关系，体现了人际交往中人性的关怀与温暖。社会支持为人们提供了与他人交流的机会，同时，也为人们提供了获得帮助的可能性。

当我们面临困难或出现情绪问题时，心理能量可能处于较低水平。这并不代表我们脆弱无能，一味地沉浸于自我否定中只会带来更多的自我消耗，我们既要主动求助，也要善于求助，向身边可靠的人请求帮助。幸运的是，有时我们身边的人会主动出现，为我们充电。当我们情绪低落，自己一时间无法调节时，好友理解我们的感受并温和开解；当我们被学习压力困扰，感觉自己在新的班级孤立无援时，老师主动找我们谈心，并引导我们制订学习计划……

社会支持如同雪中送炭，给我们带来温暖，让我们的内心世界更加充实和美好。当我们被他人支持时，我们也能从内心深处感受到这种支持。具体来说，社会支持的重要性体现在以下几个方面。

（1）心理健康的保障。社会支持在很大程度上影响着个体的心理健康。在面临压力和困境时，良好的社会支持能够帮助我们更好地应对挑战，减轻心理负担，预防心理障碍的发生。

（2）人际关系的助力。社会支持有助于加强人与人之间的联系，促进彼此间的理解和关爱。在相互支持的过程中，我们能够感受到群体的温暖，增强归属感和安全感。

（3）成长与发展的动力。社会支持为个体提供了情感、信息、物质和陪伴等方面的支持，有助于我们在面对困境时保持信心，勇往直前。在社会支持的作用下，我们能够更好地实现自身价值和目标。

社会支持有助于维护心理健康，促进人际关系和谐，推动个体的成长与发展。根据美国心理学家威廉的研究，社会支持可以分为情感支持、信息支持、物质支持和陪伴支持四大类（见表1-5）。

表1-5　社会支持的四种类型

类型	具体描述
情感支持	又称自尊支持或尊重支持，指的是来自他人的理解、尊重和接纳。情感支持可以在我们面临困境时激发我们的力量。当我们感到焦虑无助、痛苦不安时，情感支持给予我们动力，使我们重新找到自我，继续前行
信息支持	又称评价支持或指导支持，指的是来自他人的经验与知识的指导，有助于我们解决问题。无论是学习中的困惑还是生活中的难题，信息支持都能帮助我们找到答案，让我们在挑战中找到属于自己的解决难题的方式
物质支持	又称实际性支持或工具性支持，涵盖了金钱、物资和各种直接解决问题的工具等，是我们在生活中不可或缺的物质支撑。无论是学习生活中的小困扰还是大挑战，物质支持能帮助我们解决与物质有关的诸多问题，为我们生活提供稳固的物质基础，让我们的生活更加美好
陪伴支持	又称娱乐性支持，即他人的陪伴所带来的支持。无论是与朋友共度的欢乐时光还是与家人共度的温馨时光，陪伴支持都能让我们感受到生活的美好和温暖，是我们释放压力的方式

这四种支持相互交织，构成了我们生活中不可或缺的社会支持系统。在日常生活中，我们可以对自己的身心状态保持觉察，当我们意识到自己心理电量降低时，正是我们要增加心理电量的开始。相信你会有勇气和智慧感受和寻求外界的支持，同时也不断构建属于自己的社会支持系统。

三、心理探索

（一）心理探索营之一

我的心理低电量

指导语：请你静下心来回顾近期的生活，想象你正处于奇妙的电量世界里，能够清楚地看到自己在不同时刻的心理电量。当你的心理电量饱满时，你仿佛拥有了无尽的力量：你满怀热情地迎接生活的每一个瞬间，无论面对何种挑战，都能以积极的心态去面对。你的思维敏捷，情绪稳定，与身边的人交往时也轻松自如。然而，生活的曲折总是悄然而至，它们如同沉重的负担一般压在我们的心头，一点一滴地消耗着我们的心理电量。学习的压力、人际关系的纠葛、日常琐事的困扰，使我们的心理电量逐渐减少。此时，焦虑、疲惫的感觉如同潮水般涌来，让人有些喘不过气。

请尝试用文字描述自己低心理电量时的状态，尽量写得具体详细，这有助于我们认清自己的心理情况。

思考与讨论：

1.你遇到什么类型的事情会消耗心理电量？在此之前你有没有静下心来思考这些事情背后的深层原因？

2.在生活中，每个人的心理电量都不尽相同。在你周围有没有心理电量一直较高的同学？请观察并请教他们保持高心理电量的妙招。

3.每个人都曾有过心理电量较低的时候，当你心理电量较低的时候，你是陷入自我怀疑的情绪中，还是能够接纳自己不佳的状态？

也许每一次心理电量的降低，都是因为我们内在的一些需求未得到满足。心理电量低是一种信号，提醒我们需要关注自己的内心，并及时做好调整。我们可以借此机会去觉察自己的内在需求，比如认同需求、情感需求、信息需求等。观察和感受身边高心理电量的人，或许能发现一些适合你提升心理电量的妙招。相较于自我否定，接纳自己的状态能够帮助我们的心理更快地“充电”。

（二）心理探索营之二

我的心理充电站

很多人都有过心理电量不足的时刻，我们可以独自面对，也可以求助他人。你会找谁帮你“充电”呢？接下来让我们一起梳理属于自己的心理充电站和充电过程吧。

（1）请在纸上写下能支持你的人，他们常以什么样的方式给予你支持呢？能给你增加多少心理电量呢？

请书写他们的名字，并用不同大小或不同颜色的字体给他们的重要性排序。也许这个排序会随着个人的成长发生变化，请你根据自己此刻的第一感受进行书写。

（2）相信在上面的书写中，仅仅只是写下那些人的名字，我们的心里就会温暖很多。每一个名字背后都蕴藏着我们生命里的重要故事，请用心写下你们之间的充电过程吧。

（3）思考：通过回顾充电故事，你可以归纳出自己的社会支持方式。哪种支持方式对你是最有帮助的？哪些支持方式是你需要但目前却不足的，你又准备向哪些人求助从而获得这种支持呢？

（三）心理探索营之三

我是心理充电站

时间：约20分钟。

目的：引导学生认识人与人交往是需要相互支持的，在遇到困难时可以接受他人的帮助和支持，自己也能够给他人带来帮助和支持。在日常生活的人际交往中互帮互助，巩固社会支持系统的同时拓宽自己的社会支持系统。

步骤：

（1）指导语：在人际交往中我们有时会求助别人，有时会被别人帮助，有时还会为别人提供帮助。在互相帮助和支持的过程中，我们的关系就这样拉近了。回顾那些被支持的时刻，我们的内心会变得很柔软。在生活中我们会体会到，当给予他人支持时，自己的心理电量也会提升。付出爱和感受爱同样让人感受到美好。在彼此支持的过程中，内心的电量在流动，我们所处的环境变成了一个大型的心理充电站。过往的日子里，你曾是谁的心理充电站呢？让我们一起发掘自身的助人能量吧。

（2）请思考后与小组同学分享：你想成为谁的心理充电站，你会用什么样的方式为对方提供他所需要的帮助？

（3）小组同学共同在一张空白纸上通过绘画、书写的方式记录本组心理充电站的简单模型图，并在全班范围内分享，感受彼此间的情感联结。

（4）请画出属于你的心理充电站或社会支持系统模型图，并用文字或图画的方式记录你在本次活动中的感受。

（5）提示：在为他人提供帮助和支持时，我们一定要注意沟通和表达方式，通过恰当的方式，可以让对方感受到我们真诚的内心，也能给对方提供更有温度和价值的帮助。

四、心理拓展

提升心理能量

青少年时期我们会遇到各种各样的问题，其中大多数问题并不严重，通过自己的调节会很快地得到解决；而有的问题比较严重，仅靠自身的努力很难解决，即便最终能够克服，往往也会经历漫长的时间或背负沉重的心理负担。

我们可以尝试从以下三个角度提升自己的心理能量，为自己的内心充电。

（一）自我觉察，正视差异

一个人想要做成什么事、实现什么心愿，都要靠自己的能量。能量有两种，一种是身体的能量，还有一种就是心理的能量。身体的能量从外表能看得出来，比如有没有力气、身体是否健壮等。心理能量是不容易被看到的，但是一定能被感知到，比如我们做事的时候，或者面对困难的时候，有时候觉得自己信心满满很有动力，有时候却觉得自己心力不足。

在生活中，我们都渴望事情能够顺利进行，我们的愿望能够得以实现。然而，现实往往并非如此，每当我们要完成一项任务或实现一个目标时，总会遇到各种各样的问题。不同的人应对问题的方式也有差别：有些人会将问题视为“小事一桩”，而有些人则容易受到外界环境的影响，一旦遇到风吹草动，就会感到焦虑和不安。这种差异的本质，就在于个人心理能量的高低。

面对这种差异，我们不要急于自我批评，每个人的过往经历不同，遇到困境所表现出的状态自然也会有差异。此时，我们首先要做的便是正视差异，从那些心理能量高的人身上找到保持高能量的方法，再根据自身状况做出调整，找到适合自己提升心理能量的方法。其实，我们每个人的内心都有一种强大的力量，那就是转换看待问题视角的能力。当我们面临困难和挫折时，我们可以选择从另一个角度来看待它。这样，我们就能在困难和挫折中发现机会，从困难和挫折中找到价值。回想一下，那些让我们变得强大的时刻，是不是大多来自我们经历的困难和挫折？一帆风顺并不一定都是好事，一波三折的经历也不一定都是坏事。关键在于我们如何看待这些经历，如何从我们经历的困难和挫折中学习和成长。只有当我们能够平静地面对问题时，才能从中汲取经验教训，让自己不断进步。

请珍惜生活中的每一次经历，无论是顺境还是逆境，都可以将它们视为磨炼心性的机会。学会从困难中找到价值，从问题中成长，不断壮大自己，迎接生活中的各种挑战。让我们用一颗平常心去面对这个世界，不断地修炼自己，成为一个内心更加强大的人。

（二）探究需求，自我接纳

通常我们觉得，不确定性是一件坏事。努力前进的时候，却发现不知道自己所做的一切有没有结果。抑或是疾病、灾难会在人意想不到的时候悄然降临……不确定性通常和迷茫、未知、恐惧画上等号。早期的研究者也多从这一角度出发，认为因为不确定性会导致焦虑，所以人们希望能够尽量降低自己的不确定感。例如，人们宁愿直面坏消息，也想要避免不确定性带来的未知和恐惧。然而，不确定感管理理论（Uncertainty Management Theory）却不同意将不确定感单一地视作负面的感受。不确定感不一定需要降低或消除，我们要学会管理它。

对于我们每个普通人来说，如何与不确定性共处是毕生要学习的课题。既然不确定性不可避免，不如接受它的存在，把未知转化为动力，把压力视作挑战，带着能够扭转局面、稳中向好的信心和勇气，继续前行。

接纳不确定性的前提是，我们能够看到自己身处不确定之中的现实和情绪需求。每种情绪都是一种信号，它们在告诉我们某些重要的事情，指引我们去关注和满足那些未被满足的心理需求。例如，当一个人感到孤独时，可能是因为他需要社交和情感支持；当一个人感到愤怒时，可能是因为他的权益或尊严受到了侵犯；当一个人感到焦虑时，可能是因为他面临着不确定性或压力等。

了解这些情绪和它们背后个体的心理需求，接纳自己此时此刻的状态，可以帮助我们更好地理解自己，接纳自我。

（三）学会求助，积极互助

有关研究表明，大部分青少年在遇到心理困扰或问题时，都希望能得到外界的帮助。无论是同学、老师还是家长的支持，都会对他们很有帮助，特别是对新入学和即将毕业的学生来说，这种需求更加强烈。但实际情况是，很多青少年在遇到心理问题时，并不知道如何寻求外界帮助，他们不习惯利用社会资源来解决问题。

作为青少年，当我们遇到困境时，要学会向他人求助，用合理的方式表达自己的需求，向值得信赖的人诉说自己的困难，真诚地接纳他人的建议等。这些外界的支持会帮助我们更好地渡过成长中的难关。当然，感受爱的方式不仅是勇敢地接受来自他人的温暖，有时我们为他人提供帮助和支持，感受到自我价值时，内心的能量也在提升。所以，我们也要用恰当的方式向他人伸出援助之手，有时我们不经意间的举动或许就为身处黑暗的人带来了光明和温暖。毕竟生活在这个世界上，我们每个人都需要被认可、被关注、被尊重和被支持。希望同学们可以用心构建自己的社会支持系统，从中感受温暖和付出爱意，彼此照拂、支持。

除此之外，充足的睡眠、适当的休闲、美好的风景、乐观的心态……这世间有很多心理充电站，去寻找适合自己的充电方式吧。

参考文献：

[1]苟雅宏．社会支持基本理论研究概述[J]．学理论，2009(12)：74-75.

[2]周林刚，冯建华．社会支持理论：一个文献的回顾[J]．广西师范学院学报（哲学社会科学版），2005(3)：11-14，20.

[3]杨庆，毕重增，李林，等．自我不确定感：内涵、结构和理论[J]．心理科学进展，2017(6)：1012-1024.

好书推荐：《也许你该找个人聊聊》，上海文化出版社2021年版；《蛤蟆先生去看心理医生》，天津人民出版社2020年版。

影片推荐：《海蒂和爷爷》《触不可及》。

认识自我

赴一场“自己”的约

埃里克森是美国著名精神病医师，新精神分析派的代表人物。他认为，人的自我意识发展持续一生，并将自我意识的形成和发展过程划分为八个阶段，个体发展的每一个阶段都不容忽视。高中生正处于青春期阶段，其本能冲动会带来诸多问题，同时又因面临新的社会要求和社会冲突而感到困扰和混乱。所以，高中生的主要任务是建立新的同一感或塑造自己在别人眼中的形象，以及他在社会集体中所占的情感位置。如果高中生缺乏清晰的同一感，不清楚或回避考虑个人的品质、目标及价值观等问题，则成年后容易自我评价较低，习惯性逃避问题，难以承担自己的责任。自我同一性就是让自己的“众多人格”在时间与空间上有机结合统一起来，悦纳自己，让自己可以坦然面对过去，真实看清当下，勇于面对未来。

一、心理导航

认识你自己

“认识你自己!”这是铭刻在古希腊圣城德尔斐神殿上的著名箴言，有很多后来人喜欢引用它来规劝世人。

接下来简单阐述这句箴言的三种解释：

其一，人要有自知之明。莎士比亚说过，愚者自以为聪明，智者则有自知之明。我国古代其实也有类似的表达，子曰：“知之为知之，不知为不知，是知也。”懂就是懂，不懂就是不懂。对于自己的认识，应该客观理智，只有承认自己的局限，才能更进一步地了解自己。

其二，每个人身上都藏着人性的秘密，都可以通过认识自己来认识人性。事实上，自古至今一切伟大的人性认识者都是真诚的反省者，他们将自己作为参照物，不断自省，反而对人性有了更深刻的理解。

其三，每个人都是一个独一无二的个体，都应该认识到自己独特的禀赋和价值，真正地成为自己。一个人一种活法，每个人都有自己的光鲜和不易。尺有所短、寸有所长，每个人都不是十全十美的，我们不必长别人志气灭自己威风。

思考与讨论：

1.你对于自己的认知是什么样的？

2.你是如何认识自己的？

3.你对于自己当下有什么意见和建议？

做自己的朋友

有人问古希腊的哲学家芝诺：“你最好的朋友是谁？”芝诺回答：“我最好的朋友是我自己。”

我们在不同的人生阶段会认识不同的朋友，但唯有自己会伴随自己一生，这是最特殊的一位朋友，也是我们最重要的一位朋友。如果不能和自己成为朋友，哪怕朋友遍布世界，那也只是表面的热闹，内心则是十分空虚的。一个人能否和自己成为朋友，可以看他是否能够很好地独处，在独处的时候是否有充实感。

能否和自己成为朋友，关键在于你能否承认和接纳完整的自我，包括自己所有的生理、心理和社会属性，也包括自己对于这个世界的看法、态度以及自己能否体会到自己的价值感。

成为自己的朋友说起来很简单，做起来却没有那么容易。你除了需要悦纳当下的自我，接受过去的经历，更应该对未来充满期待，积极去塑造自我。

思考与讨论：

1.你和自己成为朋友了吗？

2.如果没有，为什么？如果成为朋友了，你是如何做到的？

3.你希望将未来的自己塑造成一位怎样的朋友？

二、心理之谜

（一）自我认知

自我认知是指个体对自己的觉知，即个体能够感受到自己此时此刻的身心状态，包括自我感觉、自我观察、自我概念和自我评价。例如，有人说：“我心里难受”，“我有点胖了”，“我是善良的”，“我做事有点冲动”等。

我们一般通过五种途径进行自我认知，即内省、观察自己的行为、标签激起、他人的反馈和社会比较。

内省是个体对于自己的主观经验及其变化的观察。例如，司马牛问君子。子曰：“君子不忧不惧。”司马牛曰：“不忧不惧，斯谓之君子已乎？”子曰：“内省不疚，夫何忧何惧？”

观察自己的行为是我们对于自己外部行动的一种认识。例如，我们去了解我们的行为是内部驱动的（自己想做），还是外部驱动的（在外部环境压力下产生）。在观察的过程中，我们能注意自己的思想、情感和行为，从而有意识地引导自己的行为和生活方式。

标签激起是指人们会根据自己生理上的唤醒程度去判断自己的内在状态。在学习和生活中，我们可能会被各种标签束缚。例如，大多数人认为女生“学不好数学”，如果一个女生被贴上这种标签，那她做题的时候可能会出现手心冒汗、心跳加速、大脑短路等情况。这些情况会限制她的发挥，导致她的数学成绩不理想，进而印证“学不好数学”这一标签。因此，我们要辩证地看待标签。

他人的反馈是我们自我认知的重要佐证。他人的反馈就像一面镜子，我们可以从中看到自己。当他人为我们贴上标签时，这种标签会在一定程度上影响我们对自己的看法。美国社会学家和社会心理学家库利的镜像自我理论认为，我们以他人为镜子，对自己在他人心中的形象进行想象，想象他人是如何评估我们的，进一步产生或好或不好的自我评价。

社会比较是指通过将自己和他人作比较来更深入地了解自己。当我们所处的环境没有一个客观的标准衡量自身，同时个体对于自己在某一领域的表现处于不确定状态时，就需要进行社会比较。例如，一位学生去评价自己的成绩，除了关注分数本身，他还很关注自己在班级、年级的排名。

（二）萨提亚冥想

20世纪中叶，心理治疗师吉尼亚·萨提亚提出了一种家庭疗法，强调家庭成员之间的情感联系、沟通方式和个体的自我认知。冥想是萨提亚家庭疗法的主要技术之一，即借助语言形式的冥想，帮助个体放松自己的同时关注自身内心体验，提高自我意识水平。萨提亚冥想主要分为四步，即找到一条通往直觉的道路、关注生理自我部分、有意识地呼吸和放松、放下一些不适合自己的东西。

（三）空椅子技术

空椅子技术是格式塔流派常用的一种技术，目的就是帮助当事人全面觉察发生在自己周围的事情，体验分析自己和他人的情感，帮助他们朝着统整、坦诚以及更富生命力的存在迈进。

这种技术常常用到两张椅子，要求来访者坐在其中一张上，扮演一个角色，然后再换坐到另一张椅子上，扮演另一个角色，以此实现两方的持续对话。这种方法，可使来访者充分地体验冲突，而由于来访者在角色扮演中能从不同的角度接纳和整合两个角色，因此冲突可得到解决。

空椅子技术包括倾诉式宣泄、自我对话式、他人对话式三种形式。倾诉式宣泄是一种心理治疗技术，其中，来访者将一张椅子放在自己的面前，想象有人坐在这张椅子上面。来访者说出自己想说但是没来得及说的话，以此释放内心积压的情绪，从而使内心趋于平静。这种方法尤其适用于那些经历过重大损失，经受过误解、偏见或者不方便直接表达自己情感的人。

（四）乔哈里视窗

乔哈里视窗（Johari Window）是一种关于沟通的技巧和理论，也被称为“自我意识的发现—反馈模型”，可以帮助个人深入理解自己的人际关系、沟通方式和自我意识。根据对信息的“暴露”和“反馈”，乔哈里视窗将自我划分为四个象限，分别为“开放我”或“公众我”、“盲目我”或“背脊我”、“隐藏我”或“隐私我”、“未知我”或“潜在我”，代表个人的自我意识水平以及他人对其特征、行为和情绪的意识程度。

“开放我”或“公众我”代表个人和他人认识的自己，例如个体的外貌、性格、情绪等公开信息。

“盲目我”或“背脊我”代表他人知道但自己不知道的部分，很大程度上受他人的态度、人际关系和群体规范的影响。这可能是个体不经意的言语或行为以及一些突出的个性特点，如有的人习惯于随口承诺却转头忘记。

“隐藏我”或“隐私我”代表自己知道但别人不知道的部分，是个人最隐私的自我领域，与“盲目我”象限的内容正好相反，这可能包括个体的秘密、恐惧或压抑的记忆。

“未知我”或“潜在我”代表个人和他人都不知道的部分，很大程度上是潜意识或无意识的，有待个体挖掘，这可能包括个体潜在的才能、未被发现的情感或未开发的潜力。

三、心理探索

（一）心理探索营之一

20个“我是谁”

心理学家经常用20个“我是谁”来测量一个人对自己的认识。请你针对“我是谁”这个问题，用20种不同的答案进行回答（如“我是某校的学生”“我是性格外向的人”“我是爱唱歌的人”等）。回答每个问题的时间不超过20秒，无须过多思考。

思考与讨论：

1. 针对这20个“我是谁”的回答进行自我评价与分析。

2. 你还有更多的关于“我是谁”的答案吗？

（二）心理探索营之二

撕标签行动

指导语：请你的家长、同学和老师在你的标签墙上匿名写上对你的看法，为你“贴标签”。自己阅读他们为你贴的标签，将你认同的标签后的星星涂上黄色，将你不认同的标签后的星星涂上红色，并写下你“不认同”的原因。如果有三个人认可你的原因，你可以将这个标签撕下。

思考与讨论：

1. 你的标签栏里是黄色的星星多还是红色的星星多？

2. 你认同他人对你的评价吗？如果不认同，原因是什么？

3. 这些标签有哪些曾经影响或现在仍在影响你对自己的看法？

（三）心理探索营之三

我的人生坐标

对于“我是谁？”这个问题你有很清晰的答案吗？你眼中的自己是一个

什么样的人？别人眼中的你和你眼中的自己是否一样呢？请根据图2–1人生坐标的提示，对“我”的人生进行重新定位。

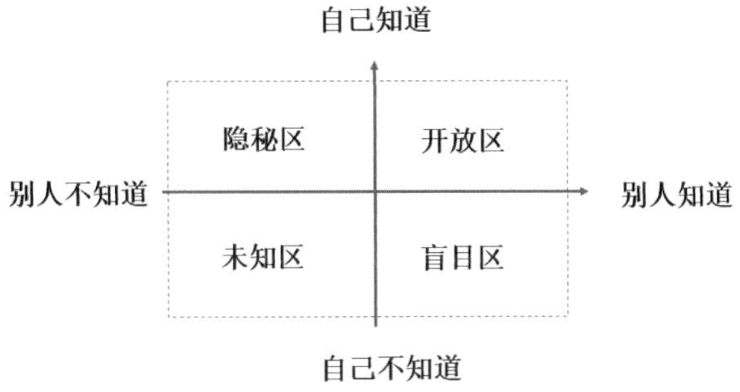

图2–1 “我”的人生坐标

思考与讨论：

1.他人知道的你与你自己了解的自己有什么区别？

2.完成你的人生坐标后，你有什么新的发现吗？

3.请你为自己的人生坐标写一句坐标寄语。

（四）心理探索营之四

时间：约30分钟。

目的：通过活动，学生能够认识自己、悦纳自己。

步骤：

（1）指导语：（活动期间需播放冥想放松的音乐，引导学生放松呼吸、静心思考）请你找到一个舒服的坐姿坐下，当你准备好了时就请轻轻地闭上你的眼睛，抛开任何想法，让自己放松下来，静心做三次深呼吸。深深地吸气，再慢慢地吐出来，深深地吸气，缓缓地吐气。再来一次深深地吸气，缓缓地吐气。随后想象我们的身体正在穿过一个五彩的、充满光的通道。我们的身体有了片刻的失重感，然后我们来到了一个全新的地方。这是一片森林，我们抬头可以看见碧蓝的天空，几朵云软绵绵地趴在天空上。我们望向远处，看到了一个小朋友，你看不太清，于是你走近看了看，你看到他一个人闷闷不乐，于是你走上前去问他怎么了……

（2）现在请大家睁开眼睛，以小朋友的口吻在A4纸上记录：“我”叫_________，“我”的特点是_________。

（3）询问后得知小朋友正在经历一件让人难过的事情（如被好友误解），假设小朋友坐在你面前的这把椅子上面，请发挥你的想象，设计对话内容，并回答下面问题：

①如果你在他那个年龄段你会怎样处理这件事情？

②现在的你会怎样处理这件事情？

③你会怎样安慰这位伤心的小朋友？

其实这位小朋友就是童年时期遇到伤心事情的自己，学生通过安慰“小朋友”，把自己想要对“小朋友”说却没来得及说的话表达出来，从而使自己的内心趋于平静。

④思考现在的“我”和过去的“我”有何不同，正视现在的自己。

⑤通过刚才的分享，大家对过去的自己有了一个思考和总结。接下来继续思考，对比现在和过去的自己，现在的“我”的特点是_________。

（4）讨论环节：请同学们讨论自己对话时的感受和对话结束时的感受。

（5）分享环节：请部分同学分享，条件允许时可以开展角色扮演。

四、心理拓展

（一）自我认知与心理健康和幸福感

在成长过程中，我们总是不断探寻有关自我的话题，如“我是谁?”“我是一个怎样的人?”“他人眼中的我是一个什么样的形象?”等，合理地认识自我、接纳自我从而改变自我是我们一生都在探索的课题。大量研究表明，能否清晰地认知自我影响着个体的心理健康和幸福感。

埃里克森的心理社会阶段理论认为，青少年时期的孩子处于自我同一性对角色混乱阶段，容易受外界环境的干扰，内心世界比较脆弱。他们可能会因为做成一件小事而欣喜若狂，也可能会因为一次考试的失误而感到悲痛欲绝，怀疑自身能力，甚至产生抑郁情绪，对日常学习和生活产生负面影响。相反，如果个体对自己有较为清楚的定位，自我认知清晰，这有利于个体明确自身存在的意义和发展目标，增强自我认同感，那么个体的心理健康也可以由此得到较好的发展。

根据幸福的自我差异理论，当我们在理想自我和现实自我中感知到差异的时候，容易对自我产生怀疑，从而减少我们的积极情绪体验，产生消极情绪。相反，如果我们对自己有较为清晰的认知，知道自己的能力水平、喜好和厌恶、愿望与目标，则更有可能对自己是一个怎样的人、自己未来的发展、自己与社会的关系等问题有相对稳定的认识。这种认识有助于满足我们的基本需求，从而提升主观幸福感。例如：能力需求（相信自己可以通过努力改变事情的结果）、关系需求（在社会交往中与他人建立情感联系）和自主需求（对自我有较强的希望感，相信自己有多种途径激发和维持朝向目标的动力，进而实现目标）等。在学习和生活中，我们可以尝试在做出重要决定之前多问问自己：为什么要这样做？这是他人对我的期待还是我自身内心深处想要做出的选择？此外，我们还可以通过询问自己未来想要什么来了解内心深处的渴望，如：未来某个特定时间点我们正在从事何种工作？经济情况如何？和好友的关系如故吗？等等。

（二）完善自我认知

埃里克森认为，人的自我意识发展持续一生，个体在每一个年龄段都面临着不同的挑战和发展任务。面临内部世界的挑战，个体能否将自己的意图、思想、感觉和体验传达给自己，从而控制身体做出适宜的反应至关重要。

1.正确认识自我

自我认识分为两部分，其一是自我定性，其二是自我反思。

自我定性是个体对自己的兴趣爱好、性格、特长等进行全面理性的评价。例如，对于“我最喜欢的书籍、运动、食物是什么？”“我的性格是内向还是外向？”“我擅长逻辑推理还是记忆？”等问题的自我定位。

自我反思是一个评估自己的想法、情绪和行动的过程。例如，在完成一天的活动后躺在床上，我们可以花几分钟的时间问问自己："我今天做了哪些事情?""哪些事情做得比较好?""哪些事情还可以表现得更好?""我当时为什么会这样做?"等。

2.合理悦纳自我

理性地对待自己的得意或失意。有的同学在面临过去失败的经历时，常常会自怨自艾："如果当时我这样做就好了""为什么当时我没有那样做"，大量的怀疑自己的声音围绕着自己可能会使我们产生负面情绪，影响我们正常的学习和生活，甚至否定自己的能力。人无完人，面对外部世界的失意我们已经很难过了，这时我们需要做的是理性地看待自己的优缺点，冷静地处理得失，不回避暂时的失意，也不能因为生活中的小事否定自己，学会接纳不完美的自己，没做好也没有关系，下一次、再下一次，只要勇于坚持，我们依然是一个出色的个体。

3.不断提升自我

提升自我是在接纳自己的基础上结合自身现有的优势，确定奋斗目标，主动调整自己的行为习惯、改造自己的个性特征，以期使自己全面发展从而更好地适应社会。例如，《大学》"八条目"包括"正心""修身""齐家""治国""平天下"。所以说想要有一番作为的人首先应该认清自己，认清自己是一个怎样的人、自己想要什么、未来能干什么，从而确定适合自己实际情况的理想和目标，才有可能循序渐进地实现自己的梦想。

参考文献：

[1]连榕. 认知心理学[M]. 北京:高等教育出版社,2010.

[2]林崇德. 发展心理学[M]. 2版. 北京:人民教育出版社,2009.

[3]聂晗颖,甘怡群. 自我概念清晰性与生命意义感及主观幸福感的关系[J]. 中国临床心理学杂志,2017(5):923-927.

[4]盛毓. 高中心理个辅中"空椅子"技术的应用[J]. 中国多

媒体与网络教学学报(下旬刊),2022(1):131-132,186.

[5]向光璨,陈红,王艳丽,等.青少年自我概念清晰性与主观幸福感的关系:基于潜在剖面分析[J].西南大学学报(社会科学版),2021(2):153-160,229.

[6]尹华站.推开自我认识之窗[J].光明少年,2024(1):22-23.

[7]约翰·贝曼.萨提亚冥想:内在和谐、人际和睦与世界和平[M].钟谷兰,译.北京:中国轻工业出版社,2009.

[8]赵欣.论查尔斯·霍顿·库利的传播思想[D].兰州:兰州大学,2010.

好书推荐:《自卑与超越》,中国友谊出版公司2017年版。

影片推荐:*lie to me*。

闪闪发光的我

每个人都有自己的优势，积极心理学家马丁·塞利格曼和克里斯托弗·彼得森的理论可以帮助我们发掘自身潜能，更加客观地看待自己。现在，就让我们一起踏上这趟自我探索的旅程，挖掘那些被忽视的优势，重塑自我认知，成为更加闪耀的自己!

一、心理导航

索菲亚·罗兰——做最美的自己

出生于意大利的索菲亚·罗兰是“奥斯卡最佳女演员”奖项的获得者，被公认为“千年美人”。可是，她在16岁第一次拍电影时，遇到了不少麻烦。第一次试镜时，她就失败了，所有的摄影师都说她达不到美人的标准，都抱怨她的鼻子和臀部不够完美。导演卡洛只好建议她把臀部减一点儿，把鼻子缩短一点儿。一般情况下，演员都会听从导演的建议并进行改变。可是，索菲亚·罗兰却没有听导演的，认为这就是她的特色。在试镜三四次后，导演卡洛再次找到索菲亚·罗兰，说：“我刚才同摄影师开了会，他们说的结果全都一样，噢，那是关于你的鼻子，还有建议你把臀部减一点儿。如果你想要在电影界做一番事业，你确实该考虑做一些改变。”索菲亚·罗兰对卡洛说：“说实在的，我的脸确实与众不同，但是我为什么要长得跟别人一样呢？我要保持本色，什么也不愿意改变。至于我的臀部，不可否认，确实有点过于丰满，但那是我的一部分，是我的特色，我愿意保持自己的本来面目。”导演卡洛被她的决心和自信说服了。电影不但拍成了，而且索菲亚·罗兰也因此成名，逐步走上了成功之路。

“我为什么要长得跟别人一样呢?”这个世界上找不到第二个与我们一样的人，就如同找不到完全相同的两片树叶。独特是一种美，每个人都应该庆幸自己是独一无二的。

思考与讨论：

1.当索菲亚·罗兰的外表被认为不符合传统美的标准时，她表现出强烈的自我认同。你认为自我认同对个人成长有什么意义?

2.索菲亚·罗兰的故事告诉我们独特是一种美。你如何理解和欣赏自己的独特性?

在这个世界上，展露独特性绝非易事。然而，正是这些特质让每个人显得与众不同。索菲亚·罗兰的勇敢和对自我价值的珍视，让她的故事格外耀眼。勇敢做自己，珍视自己的每一个特点，成为自己生命故事的执笔人!

二、心理之谜

(一) 自我意识

自我意识是个体对自己存在的觉察，包括对自己的行为和心理状态的认知。自我意识主要包括三个层面：

1.自我认识

自我认识是主观自我对客观自我的认识与评价，是对自己身心特征的认识。自我评价是在这个基础上对自己作出的某种判断。如果个体对自身的评价与他人对自身的评价过于悬殊，会使个体与周围人的关系失去平衡，产生矛盾，长此以往，会使个体形成自满或自卑的心理特征，将不利于个人成长。

2. 自我体验

自我体验是指个体由对自身的认识而引发的内心情感体验，是主观的我对客观的我所持有的一种态度，如自信、自卑、自尊、自满、内疚、羞耻等。自我体验往往与个人的自我认知、自我评价紧密相关，也与个人对社会的规范、价值标准的认识有关。拥有良好的自我体验有助于促进自我监控能力的发展。

3. 自我监控

自我监控是自己对自身行为与思想言语的控制，具体表现为两个方面：一是发动作用，即支配某一行为；二是制止作用，即阻止与该行为无关或妨碍该行为进行的行为。进行自我认识、自我体验训练的目的是进行自我监控，调节自己的行为，使行为符合群体规范，符合社会道德要求，以适应社会环境或达成个人目标。

这三个层面相互作用，共同构成个体理解自我和表达自我的基础，影响着个体的心理健康和社会行为。

（二）性格优势与美德

积极心理学家克里斯托弗·彼得森和马丁·塞利格曼通过广泛研究，提出了六大美德、二十四种个人优势的理论。该理论强调，通过认识和利用个人优势，人们可以提高幸福感，增强心理韧性，更好地应对生活的挑战。人们可以发现自己的优势，这些优势可以用来指导个人发展、职业选择和日常决策，促进个人和社会福祉。

1. 智慧——获取知识、运用知识的认知优势

（1）创造力：能够以新颖和有效的方式思考和行动，包括艺术成就等。

（2）好奇心：能够对正在发生的事情保持兴趣，乐于发现和探索新事物。

（3）批判性思维：能从各个角度来思考事情，不会过早下结论；能够根据事实调整自己的想法，全面公平地衡量各种证据。

（4）好学：对学习新的技术、主题和知识持主动态度。

（5）洞察力：能够为别人提供明智的参考意见，能够从多种角度看待世界，认识自己和他人。

2. 仁爱——乐于照顾和帮助他人的人际优势

（1）爱与被爱的能力：重视与他人之间的亲密关系，尤其是彼此之间能够分享和关照，容易与他人建立亲近感。

（2）善良：助人为乐、与人为善，关心、照顾别人。

（3）社交智慧：能够感知他人对自己的意图，知道在不同社会场合下做出合适的事情，知道如何激励他人。

3. 公正——拥有健康积极的团体生活的性格优势

（1）忠诚合作：作为团队成员，要做好自己的工作，善于分享与合作，忠诚于团队。

（2）公平：能够公平、公正地对待他人，不让个人的情感和偏见左右自己对他人的看法，给每个人一个公平的机会。

（3）领导力：能够鼓励团队成员把工作做好，同时促进建立良好的集体关系；能够组织集体活动并且使活动进展顺利。

4. 节制——具有自我约束的优势

（1）宽恕：原谅做错事情的人，容忍他人的缺点，并愿意给予他人第二次机会，不打击报复。

（2）谦虚：不吹嘘自己的成就，不过分表现自己，不认为自己比别人强。

（3）谨慎：慎重地做出选择，避免不适当的风险，不做会后悔的事情。

（4）自制：能够控制自己的感情和行为，有原则，遵守纪律，能控制自己的欲望和情绪。

5. 卓越——将个人生命的意义与广阔的宇宙联系起来的优势

（1）对美的欣赏：能够在各个领域中发现、欣赏、追求和展示美。

（2）感恩：敏锐地观察和感激生活中发生的每一件好事，并花时间去表达这种感恩之情。

（3）乐观：对未来充满期待，并为之付出努力以实现这些期待。

（4）幽默：喜欢笑，为别人带来欢乐，心中充满阳光，能看到生活中美好的一面，并创造幽默的氛围。

（5）灵性：拥有将更高的目标和宇宙的意义联系起来的信仰；拥有对人生价值的信念，并以此规划行动，享受生命的意义。

6.勇气——面对压力仍然坚持目标的情感优势

（1）勇敢：敢于面对威胁、挑战、困难或疼痛，即使面对不同意见仍然敢于坚持正义，即使不被认可，仍然坚定自己的信念。

（2）毅力：善始善终，即使遇到障碍也要坚持已有的计划，因完成任务而感到愉快。

（3）诚实：说实话，向别人呈现真实的自己，真诚行事不虚伪，为自己的感情和行为负责。

（4）热情：以充满激情和能量的态度生活，做事情不半途而废，也不三心二意；追求有挑战性的生活；能够感受到自己的活力。

三、心理探索

（一）心理探索营之一

绘制“自我树”

指导语：想要探索自己，但不知道从哪儿开始。试试绘制你的“自我树”吧！请绘制一棵包含树根（代表家庭背景）、树干（代表性格）、树枝（代表兴趣爱好）、叶子（代表朋友和社交）的“自我树”，并对每个部分用简明文字进行说明。

（二）心理探索营之二

有“短板”的奥运冠军

著名体操运动员李小双曾两次被国家队拒之门外。从专业角度来看，他的体型并不完美，且力量也不足，而体型和力量通常被认为是选拔体操运动员的基本条件，但李小双并没有屈服于这些既定的评判标准和权威的看法，凭借对自己优势的分析和判断，迎难而上，刻苦训练、意志坚强，并坚信这些优势可以弥补先天的不足。经过艰苦训练，李小双终于用实力敲开了国家队的大门。在1992年巴塞罗那奥运会上，李小双高质量地完成“团身后空翻三周”这一高难度动作，成为当之无愧的奥运会男子自由体操金牌得主，并成为中国男子体操历史上第一位在世界锦标赛上夺得全能冠军的中国运动员。

我的优势连连看

指导语：李小双在面对很多否定的声音时，依然坚定地看到自己的优势和闪光点。请回顾自己成长过程中那些让你感到自豪的具体经历——无论是帮助了一位朋友，还是达成了一个小目标，将这些宝贵的经历与“心理之谜”中“性格优势与美德”的24种个人优势进行对照，探索隐藏在你成长故事中的独特力量。一次经历可能对应多种优势哦！

准备好了吗？拿起“放大镜”，让我们一起发现真正的自我！

我的经历	我的优势
1. 例：安慰伤心的朋友	1. 善良
2. ______	2. ______
3. ______	3. ______
4. ______	4. ______
5. ______	5. ______
6. ______	6. ______
7. ______	7. ______

（三）心理探索营之三

故事中的光芒——重塑成长故事

有一个姑娘，她觉得自己是“上帝的宝贝”。她说：“我的腿很长很美”“我会画画”“我会写稿”“我听力很好”“我好可爱”“爸爸、妈妈非常爱我”。

她就是美国加州大学博士黄美廉。她从小患有脑性麻痹症，肢体失去平衡，手足常常乱动，嘴里会念叨着模糊不清的词语，已基本失去语言表达能力与正常生活能力，但是她不曾放弃对生活的希望与热爱。黄美廉的座右铭是：我只看我所有的，不看我所没有的！

不完美就一定是缺点、是灾难吗？每个人在生命旅程中难免遇到起伏和波折。尽管面临困难和挑战，但黄美廉依然选择关注自己的优点和潜力。

思考与讨论：

1.回想一个你曾经认为是挑战的经历，尝试用新的视角重新讲述这个故事。想象你是故事里的英雄，这个挑战成为你成长道路上的转折点。描述这个经历给你带来的积极意义，并说明你是如何克服它的。

2.在小组内分享重塑后的故事，小组成员思考从中学到了什么，并向主人公积极反馈。

四、心理拓展

（一）卡尔·罗杰斯的自我概念理论

卡尔·罗杰斯的自我概念理论是人本主义心理学的重要理论，关注个体如何理解自己、建立人际关系和实现个人潜能。他认为，每个人都有一个自我概念，即对自己的看法和理解，包括能力、性格、价值观和目标。自我实现，即成为最佳自我，自我概念与经验一致，这种一致性是心理健康的关键。两者不一致时，个体会感到紧张和不满足，因此自我接纳、自我理解和真诚表达尤为重要。

卡尔·罗杰斯强调了无条件积极关注（Unconditional Positive Regard）的重要性，认为不论个体行为如何，都给予其接纳和爱的态度。这种无条件的接纳可以促进个体自我接纳，使他们能够更自由地探索自我，诚实地面对自己的感受和想法。

条件性关注（Conditional Regard）则相反，它让个体感觉只有满足特定条件才能获得爱和接纳，这可能导致个体否认真实自我，进而产生心理和行为上的不一致。

卡尔·罗杰斯提出，通过提供无条件积极关注，帮助个体实现自我概念与经验之间的一致性，从而促进个人的成长和自我实现。他认为，每个人都有潜在的自我实现倾向，即向着成为更完善的、功能更健全的个体发展的内在驱动力。

（二）积极心理学视角

马丁·塞利格曼被公认为世界“积极心理学之父”，曾获得美国心理学会（APA）终身成就奖，是国际积极心理学会（IPPA）终身荣誉主席。他提出，心理学要从传统的关注人类痛苦和问题，转向强调个人潜能的发展和积极体验的追求。

马丁·塞利格曼在《真实的幸福》中介绍了他的幸福理论，即通过识别和发展个人的核心优势来增强幸福感。他提出了著名的幸福公式，并讨论了如何通过积极的情感、投入、人际关系、意义和成就来实现真正的幸福。他概括为H=S+C+V，“H”代表“Happiness”（幸福感），“S”代表“Set Range”（个人的幸福基准点，或称为幸福的设定点，他认为每个人生来具有一定程度的幸福感，这部分受遗传和早期生活经验影响），“C”代表“Circumstances”（生活环境和境遇，包括社会地位、健康状况等），“V”代表“Voluntary Activities”（个人自愿参与的活动，比如确定个人目标、建立积极人际关系、个人成长等）。

马丁·塞利格曼强调，虽然我们不能改变自身的基因，也很难改变生活环境，但是可以通过自愿参与的活动，比如培养乐观的心态、建立良好的人际关系、追求有意义的生活目标等，来显著提升自己的幸福感。这个公式提醒我们，幸福感在很大程度上是可以通过个人努力来提升的。

他的另一本著作《活出最乐观的自己》探讨了乐观主义对个人幸福、健康和成功的影响。马丁·塞利格曼研究表明，乐观主义是可以学习的，他提供了一系列的策略和练习，帮助个体培养更乐观的世界观。

乐观学习策略包括：

（1）挑战消极信念。识别和挑战那些自动的、消极的思维模式。当面对失败或挑战时，尝试找出这些情绪背后的思维模式，并质疑这些想法的真实性和合理性。

（2）“三P”模型。个体化（Personalization）：认识到不是所有的负面事件都是由个人原因造成的。普遍性（Pervasiveness）：避免将一个领域的挫败感泛化到生活的其他领域。永久性（Permanence）：认识到大多数挑战和失败都是暂时的，而不是永久的。

（3）实践感恩。定期练习感恩，比如每天写下三件让你感激的事情，这可以帮助你专注于生活中的积极方面，从而培养乐观的生活态度。

（4）增强解决问题的能力。当面对问题和挑战时，采取主动和积极的态度来寻找解决方案，而不是放弃或责怪自己。

（5）建立乐观的支持网络。与积极、乐观的人建立联系和友谊，他们的态度和行为可以激励你也变得更加积极、乐观。

（6）设定并追求目标。设定具体、可实现的目标，并采取行动去实现它们。实现小目标后的成功体验可以增强自信和乐观情绪。

在《真实的幸福》这部作品中，马丁·塞利格曼进一步阐述了积极心理学的理念，特别是如何通过培养积极的情感来提高生活质量。

（1）积极的情感：马丁·塞利格曼认为，积极的情感如快乐、满足和希望对于幸福至关重要。培养积极的情感可以提高我们的生活满意度。

（2）投入：全身心投入某项活动或工作中时，可以让人体验到所谓“流”状态，这种完全沉浸在活动中的体验是幸福感的重要来源之一。

（3）人际关系：与家人、朋友和社区建立积极、有意义的关系，这是幸福感的重要来源之一。

（4）意义：通过投身于更大的事业或目标，个体可以在生活中找到深层次的意义，这对于实现持久的幸福感而言非常重要。

（5）成就：为了实现个人目标而努力，并在成功时获得成就感，这对于增强幸福感而言也非常重要。

参考文献：

[1]马丁·塞利格曼. 真实的幸福[M]. 洪兰,译. 杭州:浙江教育出版社,2020.

[2]马丁·塞利格曼. 活出最乐观的自己[M]. 洪兰,译. 沈阳:万卷出版公司,2010.

好书推荐:《遇见未知的自己》,湖南文艺出版社2012年版;《真实的幸福》,浙江教育出版社2020年版。

电影推荐:《白日梦想家》。

超越自我

心理学家阿尔弗雷德·阿德勒指出："我们每个人都有不同程度的自卑感，因为我们都发现，我们自己所处的地位是我们希望加以改进的。"在他看来，我们人类的全部文化都是以自卑感为基础的。自卑能摧毁人，同样也能塑造人，关键就在于面对自卑时，我们的态度和想法，以及是否能够坚持去改变。战胜自卑的过程既是一次超越自我的过程，也是个人成长中一次质的飞跃。高中生处于青春期向成年初期过渡阶段，是一个人发展的重要时期，这个阶段的学生自我意识日趋觉醒，自尊感强烈，容易因为自己的某些不足而引起强烈的自卑感，从而影响个人发展。因此，在这个自我意识高度发展的阶段，高中生学会克服自卑心理，实现自我超越，将有利于个体自我同一性的发展和人格成长。

一、心理导航

你知道低头族吗？

在一次心理课中，老师设置了有关"我的得意事"的主题活动，鼓励同学们上讲台分享自己的成功事迹。一些自信、大胆的同学踊跃上台，回顾自己的得意事，并当众说出来，成功和幸福的感觉再一次划过他们的心田，教室里掌声不断。这时，心理老师发现小安坐在座位上紧张不安。小安，个子矮小，偏胖，从她的举止和躲闪的眼神中不难发现，她存在着严重的自卑感。于是，心理老师假装无意地走到她身边，询问她的同桌是否愿意分享自己的经历，得到肯定答案后，转向了小安，问道："你呢？"小安沉默了很久才回答："我不敢。""不敢，是不是可以理解为你内心有个声音在告诉你：'上去吧，就大胆一次吧。'"于是，在同桌和心理老师的鼓励下，小安终于鼓起勇气走上了讲台。

小安："大家好，请问你们知道什么是低头族吗？（沉默）我今天所说的低头族不是指低头看手机的人，而是像我这样（沉默），说话、走路从不敢抬头看人的人（沉默），我害怕抬起头就会看到别人歧视的眼光，更不敢和大家交往，因为我害怕你们会拒绝我（沉默）。其实，我上来也没有得意的事和大家分享，我只是想证明给自己看，我也是可以抬起头来做人的。"（一直低着头的小安此刻抬起了头，泪流满面）

小安磕磕绊绊地说完，然后迅速地跑回了座位，出乎意料的是她收到了同学们热烈而持久的掌声。

正是这次超越自我的行动，让小安意识到自己是可以抬头看向前方的，而同学们的掌声不仅让小安感受到了同学间的善意与温暖，更让她体会到了超越自我的成就感。从那之后，小安慢慢地活泼开朗起来。值得一提的是，在学期的最后一次心理课上，小安和同桌一起上台为大家演唱了一首歌曲，她那灿烂的笑容深深地印在了同学们的脑海中。

思考与讨论：

1.你心中有没有一件很想尝试却一直不敢尝试的事情呢？

2.你觉得小安这一次实现了自我超越，是源于哪些原因呢？

或许我们在某些方面感到自卑；或许我们在自己的舒适圈内既享受又挣扎，想要突破成长，却感觉改变不易。其实一个人如果能清晰地了解自己内心的需求，有坚定的信念、改变的决心，并为之付出努力与行动，就能够战胜自卑，实现自我超越。自我超越虽非易事，但一旦实现，便能获得成功的喜悦与幸福感。

笑容洋溢的尼克·胡哲

1982年，尼克·胡哲出生于澳大利亚的墨尔本。他天生没有四肢，只有头和躯干，还有一个带着两个脚指头，被妹妹戏称为“小鸡爪”的小脚，他的出生甚至让全家人都感到了恐慌，直到他4个月大时，家人才算真正接受了他。由于身体的残疾，上学期间，其他孩子总是对他指指点点、嘲笑排挤，小小的尼克陷入深深的自卑与孤独之中。绝望至极的时候，他曾把头沉在浴缸里的水中，试图淹死自己，但在最后一刻，脑海中浮现出了他父母的样子，因而他放弃了，浮了起来，自语道：“我办不到!”

13岁那年，尼克看到一条关于一名残疾人如何自强不息走出人生困境找到生命意义的报道，其中一句“上天把我们生成这样，就是为了给别人希望”深深打动了他，他突然意识到自己不是一个没有“明天”的人。从那时开始，尼克振作了起来。19岁时他开始推销自己的演讲，在被拒绝52次之后，获得了一个5分钟的演讲机会。从此，他的演讲生涯拉开了序幕，他语言幽默，思路清晰，嗓音富有磁性，用与众不同的人生经历不断地告诉听众坚持下去就有希望。

小时候的尼克不能走路，无法拿东西，连吃饭、上厕所都要依赖他人，而如今的他生活自理，还学会了游泳、骑马、踢足球、打高尔夫球和冲浪等多项运动。他事业卓有成就，到世界各地演讲，他的关于生命、关于坚持、关于力量的演讲被广泛传播，所有听过他演讲或看过他的演讲视频的人，无不发自内心地诚服于这个曾被预言“永远得不到爱”的人。他婚姻幸福美满，有位美丽的妻子，还有4个可爱的孩子。他精神富足，积极、阳光、幽默。这些精神上的素养完全弥补了肉体上的缺陷，帮助尼克超越了大多数健全的人，使他取得了非凡的成就。

他那微笑、自信的模样，真是让人从心底感到佩服。没有四肢，却可以在大家面前如此自如地讲述自己的经历，还戏称自己的小脚为“小鸡爪”，在逗乐别人的同时，自己也收获了自信。想想我们自己，面对学习和生活中的困难与失败，又有什么理由退缩呢！在追求梦想的道路上，面对自己内心的障碍，我们同样可以拥有像尼克·胡哲那种超越自我的决心与勇气！

二、心理之谜

阿尔弗雷德·阿德勒认为，人天生具有自卑感，是因为其生下来是弱小和无助的，完全依赖成人。自卑感是一种普遍现象，它驱使人们追求成功，成为人格发展的动力。

从个人角度看，自卑让个体产生消极的自我意识。自卑的人往往使用高于现实的标准要求自己，常出现“我做不到”“我不如他人”的想法，从而被沮丧和消沉的情绪所笼罩，导致自尊感低下。自卑的人遇到问题时也习惯进行消极的自我评价，而非积极地寻找解决问题的方法，这样的心态限制了个人的成长与发展。

从社会角度看，自卑影响个体的社会关系。自卑的人常常会觉得自己不被他人喜欢，不值得被爱，时常被一些不合理的想法主导，出现退缩行为，避免社交，从而无法主动与他人建立联系。然而自卑的人内心是极度渴望与他人交往的，这样的状态也常常让自己感到疲倦和无助。

适度的自卑会促进个体成就需求的产生，从而转化为自我发展的动力。而过度的自卑将阻碍个体成长，甚至影响人格发展。例如，一位高中女孩因嘴角有个胎记，觉得自己嘴巴长得特别丑，因而在公共场所从不摘口罩，即使在体育课上，口罩也戴得严严实实的，心中总是担心自己的“秘密”被别人发现，不敢与同学交往，独来独往，给大家留下高冷的印象，其实她非常羡慕那些自信大方的同学，内心痛苦不堪，也因此变得郁郁寡欢。生活中，很多人深受自卑之苦，有的人因外表原因而害怕在公众面前展现自己，有的人因性格原因而不敢与他人深入接触，有的人因家庭条件而选择封闭自己……那么我们该如何应对自卑呢？阿尔弗雷德·阿德勒的自卑理论告诉我们，只要积极应对，就能够克服自卑，实现自我超越。

尼克·胡哲尽管没有四肢，但他不断克服困难，一次次地挑战自己，超越极限，实现自我。从积极心理学的角度看待尼克·胡哲的成长过程与经历，或许能够为我们战胜自卑、实现超越带来一些借鉴与思考。

（一）构建积极的认知

积极心理学正向情感理论强调个体应该重视和培养积极的情感体验，如喜悦、快乐、爱和满足感。这些情感能够增强个体的心理弹性，从而提升心理抵抗能力。一个拥有积极认知的个体，总是会积极地看待自己经历的一切，并能够习惯性地保持积极情感。

（二）关注积极的品质

积极心理学个体优势理论关注个体的优点、长处和特长，强调通过发现和发展自身优势从而促进个体的成长，比如性格中的善良、幽默、守时、守信、社会责任感，能力中的社会适应能力、自我决策能力、组织管理能力、社会交往能力。这些积极的品质是一个人走出困境，获得成功的核心资源。尼克·胡哲不仅拥有富有磁性的嗓音，更能乐观地将自己的遭遇转化为演讲的资源，正是这种豁达的心态和坚毅的性格，使他收获了幸福。

（三）保持积极的行为

个体在生活和学习中遇到问题时表现出的具有建设性和发展性的行为，称为积极行为。积极行为能够促进个体相信自己的能力，更好地应对逆境和挑战，如接纳自己、真诚待人、及时行动。心理学研究表明，人的行为可以改变自身的状态。“低头族”女孩小安因自卑从不敢抬头看人，但她勇敢地表达自己这一积极行为让她收获了掌声，最终走出自卑的困境；尼克·胡哲“开挂”的人生也正是从接受自己的那一刻开始的。

三、心理探索

（一）心理探索营之一

掌声响起来

活动步骤：

（1）大家相互之间不要商量，先估计自己用最快的速度鼓掌，一分钟的时间能够拍手多少次，将预估的数字记录在表格内。

（2）调整自己的坐姿，两手做好拍手的准备。

（3）老师计时，当宣布开始的时候，全力以赴地快速鼓掌，同时数好拍手的次数，听到喊“停”的时候立即停止拍手，并将自己拍手的实际次数记录下来。

（4）小组讨论：预估与实际结果是否有差距，并谈谈自己的感受。

（5）以第一次拍手的次数为参考，确定挑战目标，再一次进行自我挑战，并将结果记录下来。

（二）心理探索营之二

出谋划策

活动规则：

每组将获得一个特定情景，小组成员相互讨论、集思广益，设计出解决问题的方法和策略。讨论结束后，请小组代表分享讨论结果。

情景讨论事例包括：

①无论我怎么学英语都学不好，我天生就不是学英语的料。

②我不能和异性说话，一说话我就会紧张，表达不清楚。

③中考没考好，我不敢和以前的同学交往了，他们肯定看不起我。

④我觉得自己什么都比别人差，学习不行，长相不行，还没有特长。

⑤和同学一起玩时，我总像个边缘人，无法真正融入集体。

⑥学生会招新开始了，我想加入学生会，但又很害怕竞选演讲。

……

（三）心理探索营之三

绘制“手掌画”

书写过去：

请大家将A4纸横放于桌上，伸出左手贴在A4纸的左半部分，并画下这只手的轮廓。请在掌心位置写下“令我骄傲的事”。

回忆成长过程中，因自己努力获得成功的经历，或者让自己感到特别自豪和开心的事情，分别写在五个手指的位置。

细细品味这些“令我骄傲的事”，它们给你带来了哪些收获和体验？简短地写在掌心位置。

绘制未来：

伸出右手贴在A4纸的右半部分，并画下这只手的轮廓。思考自己最想改变或实现的一件事，将它写在掌心的位置。根据下面的提示在指定的位置写下为实现当前愿望自己拥有的外部资源和内部力量。

大拇指：坚定的信念。

食指：拥有的资源。

中指：存在的优势。

无名指：具体的方法。

小拇指：可以做出的改变。

（四）心理探索营之四

心有千千结

目的：学会通过团队合作探寻解决问题的方法，共同解决问题，并帮助个体面对并解决心中的困惑。

步骤：

第一轮：

（1）全班同学自由分成两组，两组人数相当。开始前，每组成员手拉手围成一个圆圈，并记住与自己左手、右手相握的人。

（2）播放节奏舒缓的音乐，所有成员在音乐中松开手，随意走动，走动得越乱越好，音乐停止时，大家停止不动。然后，找到原来左手、右手相握的人并重新握住。为了方便握住对方的手，成员可以向圆心靠拢，但不得变换位置。

（3）两组成员的手彼此相握，形成了一个错综复杂的“手链”。然后大家在手不松开的情况下，将交错的“手链”解成一个大圆圈 。在这个过程中，除了不能松开手外，可以采用各种方法。

第二轮：

将两个小组的成员合并，全班同学围成一个大大的圆圈，按照第一轮的操作再进行一次。

注意事项：

（1）确保有足够的空间进行活动，空间大小根据人数调整，背景音乐应清晰，具有烘托气氛的效果。

（2）随音乐走动前须记住与自己左手、右手相握的人，不能弄错对方的左右手。

（3）在解“手链”的过程中，强调手一定不能松开。

（4）如果“手链”非常复杂，在解的过程中，有成员想放弃，带领人要不断暗示和鼓励，一定可以解开“手链”。

思考与讨论：

1. 在活动刚开始时你认为你能解开那个错综复杂的“手链”吗？当不能变成能，实现超越后，你的感觉如何？

2. 在解“手链”的过程中，你做了什么？遇到困难时，同伴给予了你什么样的帮助？

3. 这个游戏向我们展示了什么，你从中有什么收获？

4. 如果你心中有“结”，你会怎么做？

四、心理拓展

（一）超越自我，勇于突破心中的障碍

小狗电击实验——“习得性无助”实验

马丁·塞利格曼和史蒂文·梅尔曾合作进行小狗电击实验，以观察小狗的反应。

实验第一阶段，将小狗分为A、B、C组，他们把小狗关在有电击装置的笼子里，在三种不同电击条件下，观察小狗的反应。

A组(控制组)	没有任何电击发生
B组(可逃脱组)	小狗受到电击,但它可以通过触碰按压板从电击中逃脱
C组(不可逃脱组)	小狗受到电击,且无论采取怎样的方法,都无法逃脱电击

实验第二阶段，将小狗置于一个更大的笼子中，笼子的中间由矮小的障碍物隔开，当小狗遭受电击时，只要跳过障碍物，便可避免电击。

A组(控制组)	遭受电击,立即跳过障碍物,逃脱
B组(可逃脱组)	遭受电击,跳过障碍物,逃脱
C组(不可逃脱组)	遭受电击,未尝试跳过障碍物,承受电击的痛苦

实验中C组的小狗因为有了无论付出怎样的努力都未能摆脱痛苦的经历，所以到了新的环境后放弃尝试，出现了习得性无助，默默承受痛苦。

后来，心理学家发现这种现象在人类身上也存在，多次经历失败或挫折会大大削弱人的成功欲望，使人感到自己无法克服障碍，如同将内心上了一把沉重的枷锁。

习得性无助是个体产生自卑心理的原因之一，更是很多同学在学业上产生自卑感的根源。那么，如何才能突破心中的障碍，实现自我超越呢?

首先，坚定信念。自卑本身并不可怕，可怕的是陷于自卑而无法自拔，丧失了对自我的信心与信念。坚定信念是克服心中障碍，摆脱自卑阴影的关

键，它是个体从自卑走向成功，实现自我超越的保障。

其次，跨出第一步。做任何事，跨出第一步是最困难的，更何况是改变自己呢？为了达到自己更好的状态，偶尔逼一逼自己迈出第一步是非常必要的。

最后，践行“每天一小步”思维。以一位女生为例，一直以来，她都不敢和异性接触，进入大学后，她意识到这种状态极不利于自身成长，想要改变现状，超越自我，于是她给自己制订了一个小小的目标：每天和一位异性说一句话。这就是每天一小步思维。

尼克·胡哲曾说：“我对人生的三个真谛——价值、目标、宗旨都很清楚，我知道我要往哪里去，因此我很快乐。无论怎样，满足于你所拥有的，比如我，就很珍惜我的‘小鸡爪’，不要放弃，爱别人，每天向前走一小步，你就能够完成人生的目标。”每天一小步不难，但贵在行动、贵在坚持，这样人生就会迈出一大步，必将实现量变到质变的突破，最终实现自我超越。

（二）超越自我，学会滋养我们的内心

1.充分肯定自我

我就是我，我有我的价值。一个人如果从内心接受自己，会更容易获得满足感，从而更好地适应生活中的变化和挑战。因此，我们不能只关注自身的缺点，更需要学会挖掘身上的闪光点，发现自己的价值。每一个闪光点的发现，都将为我们的心灵照进一束光，带来光明与温暖。

2.行动收获价值

很多人在谈计划、目标和理想时，总是轻而易举地脱口而出，可需要付诸行动的时候，往往推迟到“明天”。那些深陷自卑中的人，遇到机会时，也常常跟自己说“这次就算了吧，下次我一定试一试”，殊不知，就是在这样一次又一次的“下次”中丧失了机会，越陷越深。因此，及时采取行动将自卑的痛苦转化为行动的动力，通过实际行动证明自己的能力与价值至关重要。就让我们从此刻开始行动起来，珍惜时间，珍惜机会，为不断地超越自我而努力。

3.保持积极心态

我们在战胜自卑、超越自我的过程中，挫折是不可避免的，唯有积极的心态才能抵抗挫折，降低挫败感。一方面，积极的心态能够让我们正视失败，接纳失败，不畏惧失败。另一方面，积极的心态会指引我们在失败中总结经验，将失败转化为心灵的养分，滋养内心，让自己变得更加强大。几乎所有成功的人都经历过无数次失败，而每一次在失败中重新站起来都是一次自我超越的过程。

参考文献：

[1]阿尔弗雷德·阿德勒．自卑与超越[M]．曹晚红，张军，译．武汉：长江文艺出版社，2020.

[2]C.R.斯奈德，沙恩·洛佩斯．积极心理学：探索人类优势的科学与实践[M]．王彦，席居哲，王艳梅，译．北京：人民邮电出版社，2013.

[3]马丁·塞利格曼．真实的幸福[M]．洪兰，译．杭州：浙江教育出版社，2020.

好书推荐：《唤醒心中的巨人》，光明日报出版社2014年版。

影片推荐：《驯龙高手3》。

拒绝内耗自我

在日常生活中，人们经常会深入思考某件事情，这是一种正常的心理活动。深思熟虑有助于调整策略和解决问题，但过度思考时，深思就会演变为重复、持续且负面的自我对话，从而陷入“精神内耗”状态。在这种状态下，大脑像永动机一样持续运转，不断消耗着精力，导致人们长期处于一种消极、疲惫的状态。那么，如何摆脱精神内耗呢？心理学认为，人的思维方式决定了人的情绪和反应。因此，认识到自身的消极思维，转变思维方式，将有助于人们减缓精神内耗，并以一种积极乐观的人生态度面对生活。

一、心理导航

谁动了我的奶酪

有两位名叫哼哼、唧唧的小矮人生活在一个迷宫里，他们每天只做一件事，就是寻找奶酪。有一天，他们兴奋地发现了一个堆满奶酪的地方，感到欣喜若狂，一头扎进奶酪里，在里面过上了自以为高枕无忧的生活。

可是有一天，奶酪突然全部消失了。哼哼和唧唧先是震惊，然后开始愤怒地指责对方，用恶毒的语言咒骂拿走奶酪的人。他们不停地发泄情绪，直到精疲力尽、奄奄一息。小矮人中，首先想要自救的是唧唧。他不想再坐以待毙，打算返回迷宫，和过去一样，每天奔跑，寻找奶酪。而哼哼却犹豫不决，他心想：万一找不到奶酪怎么办？要是途中遇到了危险怎么办？但唧唧不愿再想那么多，他拖着虚弱的身躯，茫然地消失在道路尽头。他告诉自己：迈出这一步，不一定能找到奶酪，但不行动，就一定找不到。他踉踉跄跄地在迷宫里跑着，偶尔捡到一块发霉的奶酪，就狼吞虎咽地吃下去。渐渐地，他恢复了体力，心情也好了不少。最后，饥肠辘辘却不停前进的唧唧找到了新的奶酪，而哼哼仍然在原地怨天尤人，等待着死亡。

在迷宫里，除了小矮人，还住着两只头脑简单的小老鼠——嗅嗅和匆匆。它们“鼠如其名”，嗅嗅时刻保持着警惕，匆匆则是天生的行动派。当时，它们和小矮人一起发现了堆满奶酪的地方，它们的反应却截然相反。小老鼠们既没有为此狂喜，迷失在舒适区，也没有在奶酪消失后，陷入愤怒和迷茫。小老鼠们从不想太多，也没有过多情绪波动，它们做的，就是发现变化，应对变化。当它们发现奶酪越来越少时，提前做好了准备，并抢先一步找到了有新奶酪的地方。与“聪明”的小矮人相比，反而是“没脑子”的小老鼠生活得更自在、更舒服。

思考与讨论：

1.故事中哪个角色表现出了明显的精神内耗？

2.为什么小矮人唧唧最终能够成功找到新的奶酪？

3.这个故事给你带来了什么启示？

小矮人哼哼面对奶酪的消失，只知道问“谁动了我的奶酪”，随后便陷入了过度的担忧和恐惧中，无法做出适应新环境的决定。在充满变数的生活里，每当意外降临时，人们往往会陷入慌乱，进而产生愤怒、焦虑、悲伤等各种情绪。很多时候，压垮我们的不是“奶酪的消失”，而是无休止的自我内耗。

小矮人唧唧在发现奶酪消失后，没有陷入过度的指责和抱怨中，他经过反思，重整旗鼓，迅速返回迷宫寻找新的奶酪，用行动打破了僵局。小老鼠们的心态和行为方式相对简单，它们没有像小矮人那样过度纠结，而是直接采取相应的行动来适应环境。因此，当变化出现时，不要过分纠结于过去或未来，积极面对问题，采取行动，才能在变化中找到新的机会，避免陷入精神内耗的困境中。

二、心理之谜

精神内耗又称“心理内耗”，最初在心理学领域被提出，是指人们在反复思考一些事情或回顾令人不愉快的过往时，无法停止分析、反思和质疑，导致心理资源被过度消耗，进而出现精神倦怠，最终无法采取实际行动去解决问题。长期精神内耗会让人感到疲惫，进而影响情绪，降低信心，对正常生活造成负面影响。

引起人们产生精神内耗的常见思维模式有两种：“应该”思维和“为什么”思维。

“应该”思维。“应该”思维的本质是不去认识真实的世界，而是期望真实的世界符合我们头脑中已有的规则，并在现实与期望不符时，表现出怨恨、愤怒、焦虑或者沮丧的情绪。“应该”思维有两种。一种是指向外部的思维，具体表现为“别人应该记得我”“别人不应该这样”“我努力了就应该有回报”等，其本质是用自己的期望和规则要求外部世界，不承认某些东西是自己无法控制的，而实际生活中，有太多我们控制不了的事情，于是为此而感到极度愤怒、焦虑，甚至心生怨恨，觉得全世界都在跟自己作对。另一种“应该”思维是指向自己的，具体表现为“我应该更……就好了”“我不应该……要不然就不会这样了”等。其本质是用社会规则、他人期待或文化习俗来规范自己的行为，当发现现实的自我和期望的自我有差距时，就会觉得自己有问题，陷入焦虑、自责和内疚之中。

“为什么”思维。陷入精神内耗的人总是认为自己需要获得确定的答案或了解真相，经常会问自己“到底为什么发生了这样的事情?”“为什么会发生在我身上?”“我为什么会这样?”“我为什么不如别人好?”，这种思维是问题取向的，意味着一定要找到对这些问题负责的人，如果认为应该由自己负责，就会陷入自责的情绪中，如果认为应该由他人负责，就会对他人有强烈的指责与愤怒中。

精神内耗的根源在于人们的思考方式，如果人们以一种积极、健康的方式思考，就可以避免陷入精神内耗的痛苦中。认知行为疗法（Cognitive Behavior Therapy，CBT）认为，人们的思考方式决定了他们的感受，换一种方式思考，感受就会不同。认知行为疗法包括三种策略：认知策略、行为策略和正念策略。

认知策略：个体首先要学会识别引起自身产生内耗的消极思维，例如，“应该”思维和“为什么”思维，随后个体要掌握改变认知的技巧，将消极思维转换为积极、理性的思维，减少消极思维带来的负面情绪和痛苦。

行为策略：采用具体行为能够帮助个体改变思考方式，获得积极感受，例如，深呼吸放松训练、限制内耗时间等。

正念策略：人们在精神内耗时，大多数时候都在做两件事，即反刍过去和焦虑未来，就是没有将注意力集中在当下。正念冥想可以帮助人们将全部注意力集中在当下，而非过去的错误，从而达到停止过度思虑、缓解焦虑情绪的效果。

三、心理探索

（一）心理探索营之一

你有我也有

指导语：请同学们双手握拳，接下来将展示多种精神内耗的表现形式，如果符合自身情况则伸出一根手指。

（1）在课堂上因为走神，被老师点名回答问题没答出来，感觉老师对自己很失望，下课后一直在想这件事，越想越难受。

（2）同学们有说有笑的，没人主动跟我说话，就想着他们是不是在议论我。

（3）别人的一句话我会反复琢磨很久，质疑自己的做法是否正确、说话是否得当。

（4）无论面对什么事，我的大脑里总是有不同的想法在影响着我。

（5）我有很多想做的事情，制订了很多计划，却经常拖延而未能付诸行动。

（6）我在微信上给朋友发了消息，过了几个小时朋友都没回复，我的内心特别煎熬，怀疑自己说错了话。

（7）每次重要考试前我总是特别紧张，一紧张就会想很多，担心自己考不好。

（8）看到别人做得比自己好，我便开始自我怀疑，焦虑不安。

（9）事情明明还没做，我就会预想很多困难，因为害怕困难和失败而选择放弃。

（10）我经常觉得自己什么都做不好，自我怀疑，不认可自己。

精神内耗是我们常常会遇到的问题，内耗可能表现为过度思考和纠结、担心他人的评价和看法、对一件事犹豫不决，由此导致我们感到身心疲惫、焦虑和不安。同学们可以观察自己和身边的同学，看看自己和他人是否存在精神内耗，内耗的程度如何。

（二）心理探索营之二

识别“应该”思维

指导语：请同学们阅读下列想法，并找出隐藏在这些想法背后的“应该”思维。

想法：

（1）爸爸妈妈怎么能这样对我！居然忘了我的生日，他们根本就不在乎我！

（2）心情不好时就找别人倾诉只会传递负能量给别人，也会破坏我在别人心中的形象，让别人觉得我很脆弱。

（3）同学之间互帮互助难道不是基本的原则吗？我都帮助同桌好几次了，他为什么一点感恩之心都没有？

“应该”思维：

（1）父母应该记得我的生日，应该十分关心我。

(2) 我不应该把负能量传递给别人。我应该始终表现出积极乐观的样子。

(3) 同学之间应该互帮互助。我帮助了对方，对方就应该感恩并回报我。

(三) 心理探索营之三

识别“为什么”思维

小王一直成绩优异，在班里名列前茅，备受老师的关注，也一向是父母的骄傲。然而升入高二后，小王第一次月考的成绩出现了明显下滑，退步了十几名，老师和父母都焦急地找他谈话，沟通最近的学习情况。小王变得紧张又焦虑。为了恢复到之前的水平，小王更加努力地学习，然而一个月过去，小王的成绩还是没有提升。小王感到非常沮丧，心想：“我都那么努力了，为什么还是考不好？我看其他同学都没我学得多，课间他们都在休息，我还在座位上做题，为什么他们都能考好，只有我在退步？上天对我真不公平！”

思考与讨论：

1.案例中的小王有哪些想法属于“为什么”思维？

2.该如何帮助小王摆脱精神内耗呢？

(四) 心理探索营之四

绘制生命线

目的：学生在绘制的过程中回顾过去，学会采用新的思维方式看待过去的事件。

步骤：

(1) 将白纸横放，在纸的中部，从左至右画一道长长的横线，然后给这条横线加上一个箭头，让它成为一条有方向的线。

(2) 请在线条的左侧，写上“0”这个数字，在线条右侧的箭头旁，写上预计的寿命，可以写75年，也可以写100年。这条线代表了你的生命长度，它有起点，也有终点。

(3) 请在这条线的最上方，写上“______（你的名字）的生命线”。

(4) 在你的生命线上找到你目前所在的那个点，做一个标记。接着请在标记的左边，即代表着过去岁月的那部分，在生命线上方用颜色鲜艳的笔标注出让你感到快乐的事，它所处的位置越高，说明你越快乐；在生命线下方用颜色偏暗的笔标注出让你感到不快乐的事，它所处的位置越低，说明你越痛苦。

（5）请你选择过去的一件让你感到快乐的事和一件让你感到不快乐的事，回顾当初你认为这件事让你感到快乐或不快乐的原因。接下来尝试用具体化和概括化思维重新思考这两件事，将让你感到快乐的事情概括化，认识事物的本质属性，用一个简单的、概括性的词描述这件事；将让你感到不快乐的事情具体化，分析事情的起因，描述事情的细节。例如，让我感到快乐的事：我高考成功了；概括化思维：我是一个很有希望的人。让我感到不快乐的事：我英语考试得了低分；具体化思维：这件事发生的可能原因是自己平时不背单词、阅读量太少等。

（五）心理探索营之五

打败心中的恶魔

目的：通过角色扮演，学生学会用积极的思维思考问题，减少使用消极思维思考问题的次数。

步骤：

（1）每位学生在纸条上写下自己目前生活中的烦恼，不用署名。

（2）学生把完成的纸条放到烦恼盒子中。

（3）请一名学生扮演主人公“我”并从烦恼盒子中抽取一张纸条，阅读纸条上的内容。

（4）将其余学生分为两组，分别为“恶魔”组和“天使”组。“恶魔”对主人公“我”提出非理性、消极的观点；“天使”要抗住“恶魔”的攻击，并寻找其他可能的、积极的观点，带领主人公“我”杀出重重包围，获得自由。

（5）分享。①提问“恶魔”：你在活动中做“恶魔”时，有什么体会？②提问“天使”：你在活动中做“天使”时，有什么体会？③提问“我”：当你说完自己的烦恼，听到“天使”和“恶魔”给你的反馈时，你有什么体会？

四、心理拓展

拒绝内耗的方法主要包括四个方面：一是通过正念冥想来平和心态，缓解内心的焦虑与紧张；二是限制内耗时间，减少在无效思考上的无谓消耗；三是转换思维方式，用积极乐观的态度看待问题；四是立即采取行动，将注意力从无尽的思考转移到实际行动中，从而打破内耗的循环，提升生活和工作的效率。

（一）正念冥想

拒绝精神内耗的一个重要方法是聚焦当下。通过正念冥想，我们可以把注意力从反复的内耗思维转移到手头正在做的事情上，更多地思考当下，关注当前发生的事情，而不是纠结过去或未来。我们也可以通过正念冥想保持专注，剥离自己的主观认知、情绪、观点，以更为客观的角度看待周围事物。

（1）进入觉察：请你找到一种舒服、自然的姿势，坐着或站着都可以，感觉背部挺直但不僵硬，感觉自己放松而又挺拔。感受一下你身体当下的感觉。然后，慢慢闭上眼睛，将关注点转向内心，觉察自己此时此刻的体验，包括想法、感受，还有身体的紧张或不适。认可它们的存在，不用试图以任何方式改变它们。

（2）集中注意力：现在，把你全部的注意力重新集中在呼吸本身带来的身体感觉上，尽可能地让注意力集中在范围较小的身体感觉上，比如腹部的呼吸感觉，体会吸气时腹部的拉伸，以及呼气时腹部的下沉。如果发现自己分心了，就温和地将注意力带回到呼吸上。

（3）拓展觉察：现在将觉察的范围从呼吸扩展到整个身体，不仅觉察呼吸的感觉，还要觉察你的姿态和面部表情。如果你觉察到任何不舒服的感觉，可以温和地将气息吸入这些部位，然后再从这些部位呼气离开。轻松柔和地保持这个状态，保持对此时此刻的觉知。

（二）限制内耗时间

人们有时难以控制自己陷入精神内耗中，这时可以设定一个限定时间，例如，每天允许自己内耗10～15分钟，内耗时间结束后，必须有意识地将注意力转移到其他活动上，比如做运动、听音乐或者看书。坚持一段时间后，内耗的冲动会逐渐减弱，这时可以逐渐减少内耗的限定时间，直到内耗对生活产生的负面影响得到缓解。

（三）转换思维方式

当人们使用“为什么”问句时，自我意识较弱的人容易陷入“被害者思维”，认为自己无能或者环境就是如此，自己很难改变。在这种情况下，人们关注到的都是自己的缺点，会陷入无力感中。

如果把“为什么”问句变为“什么”问句，例如，“发生了什么导致这样的状况”“我还能做什么让它更好”，则能够直接跳过“被害者思维”的陷阱，自我暗示“我是有能力做一些补救的”，从而避免产生内耗，也更有利于事情的真正解决。

心理学家威廉用这样一个实验证实了这个假设。他找了两组学生，告诉学生会有两位评分员对他们的品质进行评估。研究者安排两位评分员，一位给予正面评价，另一位给予负面评价。随后，研究者让学生判断评价结果的准确度，同时对结果进行思考，其中让第一组学生思考自己为什么是这样的人，让第二组学生思考自己是什么样的人。结果显示，思考“为什么”的学生对消极评价有抵触情绪，他们不接受消极评价，一直想着为自己证明、辩护和解释；思考自己“是什么样的人”的学生更容易接受消极评价，也认为这样的思考能够帮助他们更好地了解自己。

（四）立即采取行动

当你陷入精神内耗，思绪一直无法平静时，可以尝试去参与一些日常活动，例如，投入学习、社交等活动。从事那些你感兴趣或者需要集中精力完成的事情，可以帮助你分散注意力，减少内耗的时间，最终扰乱或者终止内耗思维。

（五）表达性写作

面对精神内耗时，与其“想太多，做太少”，不如着眼于“怎样做”，从“应对情绪”转变为“应对问题”，先承认问题的存在，将引发自己精神内耗的事件记录下来，然后分析导致问题的关键所在，最后尝试解决问题。

表达性写作更强调关注事件本身而非对自己加以评价，写作时可以依次思考以下问题：

（1）这件事情的起因是什么？

（2）发生了什么事让我产生了不好的感受？

（3）我为什么会有这样的感受？

（4）在这件事情中我有什么地方做得不好？

（5）我该怎么改进以免下次再发生这样的事情？

一步步分析将有助于我们关注事件本身，分析事件当中的得失从而避免对自己的批评和埋怨。当我们完成记录后，就等于给自己的大脑“减负”，从而释放出更多的认知资源，而且通过分析我们可以知道下次该怎么做，就不必再反复地思考这件事情了。

参考文献：

[1]陈海贤．了不起的我[M]．北京：台海出版社，2019.

[2]盖伊·温奇．情绪急救：应对各种日常心理伤害的策略与方法[M]．孙璐，译．上海：上海社会科学院出版社，2015.

[3]萨拉·埃德尔曼．胡思乱想消除指南[M]．陈玄石，译．北京：中国友谊出版公司，2023.

好书推荐：《如何停止胡思乱想》，上海交通大学出版社2022年版；《胡思乱想消除指南》，中国友谊出版公司2023年版；《精神内耗自救指南：有效心理自助的100个练习》，中信出版社2023年版。

影片推荐：《热辣滚烫》《心灵捕手》《海蒂和爷爷》。

书山有路

像玩游戏一样学习

我们在玩游戏时，总是充满动力和兴趣，经常会玩到停不下来，而在学习时，就容易感到疲惫，有时甚至会出现不想学习甚至厌倦学习的想法。为什么游戏如此吸引人？美国心理学家爱德华·L. 德西（Edward L. Deci）与理查德·莱恩（Richard Ryan）提出的自我决定理论（Self-Determination Theory，SDT）认为，内部动机是一种能够让人主动激励自己的东西，内部动机促使人们全心全意地投入某件事情中，同时在过程中拥有良好的体验。游戏的各种特点总能充分地激发人们的内部动机，让人们喜欢上玩游戏。如果能将游戏的特点与学习相结合，在学习过程中创造出类似玩游戏的愉快体验，那么我们的学习也将会变得更加有趣和高效。

一、心理导航

为自己而“摔跤”

电影《摔跤吧！爸爸》讲述了这样一个故事：曾是印度国家摔跤冠军的辛格因生活所迫放弃了自己的摔跤梦想，他希望儿子帮他完成梦想——赢得世界级金牌，结果辛格的妻子生了四个女儿。辛格本以为梦想就此破碎，然而他却意外发现自己两个女儿身上具有惊人的天赋，有获得冠军的希望。因此，辛格决定要按照摔跤手的标准训练女儿，不能浪费女儿的天赋。

辛格的两个女儿最初对摔跤毫无兴趣，但在父亲的要求下，她们每天不得不五点起床，进行各种体能训练。她们身心饱受煎熬，认为成为世界冠军只是爸爸的一个未完成的梦想，不是她们的梦想。她们内心对于爸爸安排的训练十分抗拒，因此她们假装输给陪练的堂哥，假装受伤，编造理由告诉爸爸他安排的训练是行不通的，希望爸爸能停止这种“魔鬼训练”，好让她们脱离苦海。然而，这些行为只是让父亲更加坚定，甚至剪短了她们的头发。当希望落空后，愤怒的她们甚至开始在父亲的闹钟上动手脚，借此躲过父亲对她们晨练的监督。她们内心的抵触无疑大大减弱了训练的效果。

然而，一次参加朋友婚礼的经历改变了她们的想法。她们向朋友抱怨自己的父亲冷酷又无情，逼迫自己成为摔跤手，五点钟让她们跑步，她们像奴隶一样拼命，如果她们反抗，父亲就剪去她们的头发。这时她们的朋友，一个14岁的新娘对她们说：“我倒是希望上帝给我这样一位父亲，至少他很关心你们。否则我们的现实就是从女儿身降生的一刻起，就注定与锅碗瓢盆为伍，终日操持家务。待到14岁便要嫁为人妇，嫁给一个从未谋面的男人，相夫教子，这是我们一生所有的使命。至少，你们的父亲把你们当作自己的孩子。他为你们遮风挡雨，他为你们忍辱负重，他就是为了让你们有自己的未来，将来能主宰自己的人生，他又有什么错呢?”这一番话点醒了她们，她们意识到，之所以要努力训练，是为了以后可以主宰自己的人生，而不是像朋友一样没有选择人生的权利。自此，她们明白了学习摔跤的意义，这不单单是为了实现爸爸的梦想，更是为了给自己选择人生的自由。第二天清早，父亲看到两个在训练场地上自觉训练的身影。

思考与讨论：

1.电影中两个女儿学习摔跤的过程中，她们的心态经历了怎样的变化，为什么?

2.你认为自己学习的动力来源于哪里?

3.如果你发现自己对学习失去了兴趣，你会如何重新激发自己学习的动力?

一开始两个女儿学习摔跤是出于害怕爸爸的权威和惩罚，后来朋友的话让两个女儿意识到学习摔跤更多是为了自己的人生，她们对摔跤的态度发生了根本性的转变，并认识到学习摔跤的意义，她们的学习态度从被动变为主动，从“要我学”转变为“我要学”，产生了强烈的学习动机，在之后的学习中保持着持久的动力和热情。

二、心理之谜

学习动机是激发个体进行和维持学习活动，并使学习行为朝向一定学习目标的一种内部心理状态。学习动机能够促使学生学习，是推动学生持续学习的核心动力。

根据学习动机的动力来源划分，学习动机可以分为内部动机和外部动机。内部动机是由个体内在需求引起的动机，如学生的求知欲、学习兴趣、学习热情等。内部动机的特点在于它是主动产生的，其较为坚定且不易变化，能够激励人们长期坚持做一件事。外部动机是由外部因素引起的动机，例如外部的奖励或惩罚、他人的期望等。外部因素能够提供快速的动力，但外部动机会随着外部因素的变化而变化，它常常是不受控制、不稳定的。这并不意味着外部动机不好，内外部动机之间并没有好坏之分，它们都能成为人们行动的力量。为了保持学习动机的稳定性和长时间激励的作用，学生可以以激发内部动机为主，激发外部动机为辅。

动机的自我决定理论提出人们有三大基础心理需要，即自主性、胜任感和归属感。这三种需要的满足程度是影响学习动机的重要因素，满足这三种需要能够促进外部动机转化为内部动机。

（1）自主性：自主性是个体对自己是否能够自由选择行为的感受。当个体在从事某项活动时自我决定的程度较高，他将感觉到自己的行为是基于内在意愿的，他会有动力投入这项活动。当学生能够对学习活动做出决策，感觉自己可以掌控学习过程时，学生通常对学习更感兴趣也更加积极。

（2）胜任感：胜任感与个体对自己能力的认识和评价有关，指的是个体认为自己有能力完成任务的信念。即使任务具有一定的挑战性，但个体相信自己能够胜任，就会产生胜任感。因此，当人们认为自己能够处理复杂的任务或难题时，他们更愿意去尝试并付出一定的努力。胜任感能够充分调动个体行动的积极性。

（3）归属感：归属感是个体与他人建立联系和获得社会支持的需要。当个体感受到来自他人的关爱、理解和支持时，就会产生归属感，并感到幸福和满足。学生的归属感主要来源于朋友、同学、老师、家庭等社会关系。

人们在玩游戏时总是充满动力，为什么游戏如此吸引人？游戏是以刺激大脑奖励中枢、促进多巴胺分泌为原理设计的，它最核心的逻辑就是让玩家继续玩下去。游戏中的很多设置能够满足人们的三大基础心理需要：①多种选择。游戏提供有趣的模式和多样的玩法满足人们对新鲜事物的好奇和探索欲望，人们因为好奇而主动去探索游戏的世界，提高了人们在玩游戏时的自主性。②可达到的目标。游戏设置了多个难度适中的小任务，恰到好处地考验人们的能力，提高人们的胜任感，完成任务后的奖励能够进一步增强人们的胜任感和自信心。③社交功能。游戏设置的多人模式、组队模式、好友系统，让人们能够在游戏中建立起社交网络，满足了人们对归属感的需要。

如果将游戏的特点应用到学习中，学习也会变得更具有吸引力。例如，变换有趣的学习方式，让学生以讨论、活动等形式参与课堂，增加学习的趣味性和学生学习的自主性；设置合理的学习目标，增强学生的胜任感，帮助学生明确学习的方向和进度；组建学习小组合作学习，学生可以在集体中找到归属感；等等。这些有助于充分调动学生的学习兴趣，提高学生的学习内部动机，让学习体验不再枯燥乏味，而是变得生动、有趣且充满挑战。

三、心理探索

（一）心理探索营之一

内外动机我来辨析

指导语：请阅读以下4项任务，如果你必须在这些任务中选择一项进行挑战，你会选择哪一项？为什么？

任务一：有一定难度的任务，完成后可以得到100元现金。

任务二：你感兴趣的任务，完成后没有奖励。

任务三：你有能力完成的任务，完成后可获得一枚能力纪念勋章。

任务四：老师和同学们都期待你能去挑战的任务，可以为集体争光。

内部动机驱动是指一个人出于内在的兴趣或满足感而去做某件事情。任务二和任务三与内部动机有关，完成任务的动力源于自身的内在需要，完成任务二能够满足个人的兴趣，完成任务三能够获得自我效能感。

外部动机驱动是指一个人出于外在的奖励、惩罚或其他外部因素而去做某件事情。任务一和任务四与外部动机有关，完成任务一能够获得金钱奖励，完成任务四能够满足他人的期待，为集体作出贡献。

（二）心理探索营之二

学习成就路线图

目的：学生通过体验学习上的成功，增强学习自信，寻找激发学习动机的方法。

步骤：

（1）学生在A4纸上画一条向右的带箭头的横线。

（2）老师带领学生进行冥想，回顾从小到大在学习上取得的成就。

指导语：请大家微微闭上眼睛，慢慢地吸气，慢慢地呼气，让内心宁静下来。回想你第一次上学时的期待，第一次考满分时的喜悦，每一次学习上的成功都增强了你对学习的信心。在初一时你取得了哪些优异的成绩？在初二时你在学习上又获得了哪些成就？在初三时你战胜了学习压力考入高中。在高中，你通过努力取得了可喜的成绩。让你在学习上取得的成就一一呈现在脑海中，你的第一个学习成就是什么？你当时的感受是什么？身边人都给予了什么反馈？现在，请你睁开眼睛在横线的上方写出学习上的成就，在横线的下方标出大概的时间。然后再闭上眼睛，回想第二个学习成就，按上述方式再记录。如此反复，记录得越多越好。

（3）学生在横线上方写出学习上取得的成就，越多越好，在横线的下方标出学习上取得成就的时间。

（4）将学生分为几个小组，学生进行组内交流，分享学习成就路线图。

（5）各小组派一名成员分享自己的学习成就路线图。

（6）小组讨论：

①当你取得这些成就时，你的学习积极性有什么变化？

②你采取过哪些措施激励自己积极主动学习？

（7）各小组派一名代表分享本组观点。

（8）老师总结激发学习动机的方法。

（三）心理探索营之三

学科“大拍卖”

目的：指导并帮助学生更加深刻地了解不同学科的特点，从中发现每个学科的学习意义和趣味，增加学生学习的主动性，唤起学生学习的内部动机。

步骤：

（1）小组抽签决定本组要“拍卖”的学科。

（2）小组成员进行“头脑风暴”，思考问题：

①我们为什么要学习这门学科？

②这门学科对我们未来发展有什么影响？

③学习这门学科有哪些乐趣？

（3）小组用10分钟时间制作学科海报，将本组负责的学科打造成一个具有吸引力的“学科拍品”，并设计该学科展销词。

（4）拍卖环节：假设每个小组有一万元的启动资金，可以拍下自己喜欢的学科。每组轮流上台展销自己的学科，争取以尽可能高的价格卖给其他小组。展销内容包括：

①让竞拍者知道该学科的重要性和价值。

②让竞拍者知道购买该学科之后的好处，如在生活方面和学习方面的好

处，当下的好处和未来的好处。

③向竞拍者说明该学科拍下后如何使用。

（5）拍卖结束后教师提问：你拍到你最喜欢的学科了吗？你购买这一学科的原因是什么？

四、心理拓展

（一）如何像玩游戏一样学习

1.提高学习自主性：设立人设

最开始人们选择玩游戏时，大多是因为自己感兴趣、自愿去玩的。如果人们根本不想去参加游戏，而是被逼迫参加的，那么不管别人觉得这个游戏多么有趣，他们都很难从被迫参加的游戏中获得快乐。因此，自主性是能够从一项活动中获得快乐的前提。在学习中，学生可以采用设立人设的方式获得自主性。

设立人设之所以能够激励人们，它背后的原理是“自证预言”：当人们非常渴望一件事发生时，人们会自发地去寻找相关的信息并做出行动来增加这件事发生的可能性，最后期望就更有可能会实现。

如果想让自己对学习感兴趣，主动开始学习，那么学生可以制作自己喜欢的学习身份卡，在学习之前给自己设定一个“学习人设”，例如，数学守护骑士、历史探险家、语言解密师、全科猎人……代入人设，愉快地开启学习。

2.获得学习成就感：分解目标

游戏设置了很多关卡，每完成一个关卡，就相当于成功了一次，人们能够从中获得成就感，而关卡数越多，能获得的成就感就越强烈。同时，游戏将关卡的难度设置得很精妙，关卡的难度会和人们当下的能力相匹配。如果关卡难度太低，人们就很容易感到无聊；如果关卡难度太大，人们就会产生挫败感；只有难度适中的挑战才能让人体验到成就感。而随着人们游戏能力的不断提升，关卡难度也随之增加，这会给人一种“自己正在变得越来越厉害”的感觉。在学习上，学生可以通过将学习的总目标分解，设置很多个具体、阶段性的小目标，从而获得成就感。

山本田一是一位日本的马拉松选手，他曾连续两次获得马拉松比赛的世界冠军。山本田一在自传中谈到了自己多次获胜的秘诀：他在比赛前会乘车仔细地看一遍比赛路线，并把沿途一些醒目的标志记录下来，比如银行、古怪的大树、高楼等，他把这些标志设为他不同阶段的目标，比赛开始后他就先冲向第一个目标，到达后再冲向第二个目标，他通过设置阶段性的小目标，让自己能够顺利地跑完整个马拉松。

学生可以尝试绘制自己的学习“马拉松”目标，先确定这学期的总目标，随后依次分解出期中、第一个月、第一周、第一天的目标，这样就可以知道每一天的具体任务。完成一个阶段的目标之后，就像游戏过了一个关卡一样，这本身就能带来一些成就感。在完成目标的过程中，学生可以看到自己目前的进度，以及距离总目标还有多远。

学生在设置目标的时候还要注意目标的难度。研究表明，当学习内容中有15%的内容具有难度时，人们对学习的投入度是最高的。如果任务太难，可以把任务进一步分解成更小的任务；如果任务太简单，可以缩短完成任务的时间，提高任务完成的标准。

3.对学习及时反馈：设定奖励

在游戏中每过完一关，游戏就会立即给出很多反馈，比如夸赞、给予称号、奖励道具、增加经验值等，这些都会成为人们继续进行游戏的动力。心理学研究发现了一个现象：比起未来比较大的奖赏，人们更喜欢可以马上得到的比较小的奖赏。因此，在学习中，学生完成任务后可以及时给予自己反馈，例如，将任务一项项列出来，每完成一项，就在任务后面打个钩。学生还可以在每完成一项任务后，再给自己一些小奖励，做一些自己平时喜欢做的事情，比如吃零食、听音乐等，以激发学习的动力。

使用奖励能够利用学生的外部动机快速激励学生开始学习，但奖励的存在可能会削弱一部分内部动机。一个经典的故事很好地说明了这个现象。

有一群小孩每天都到一块草坪上踢球，非常吵闹，这让住在草坪旁边的一位老人不堪其扰。老人想让孩子们离开，于是想到了一个办法。一天，老人告诉孩子们，如果明天孩子们再来踢球，每人就会得到一元钱。第二天，孩子们如约而至，踢球踢得很开心，老人给孩子们每人发了一元钱。第三天，老人告诉孩子们，他只能给5角钱了。孩子们有些失望，但还是踢完了球，并领到5角钱。第四天，老人说，今后只能给5分钱了。孩子们不屑地离去，再也不来草坪踢球了。

故事里的孩子们对在草坪上踢球的兴趣逐渐被对获得物质报酬的兴趣取代，内在动机遭受了侵蚀。那群孩子不再记得当初他们在草坪上踢球，并不是为了老人的钱，而是因为他们对踢球的兴趣。

因此，在实施奖励措施时，学生不要让奖励成为行动的出发点，学习并不只是为了奖励，奖励应当是努力学习之后的积极反馈，是对个人能力的认可。实施奖励措施激励学习一段时间后，学生养成了良好的学习习惯，有足够的内部动机推动学习时，就可以逐渐减少或不再奖励。

4.收获学习归属感：寻找盟友

人们在游戏中可以添加游戏好友，与好友一起组队做任务，查看自己在朋友间的排名，通过打游戏和朋友增进友谊，并在组队的过程中获得群体的归属感。

同样，在学习上，组队学习也能起到良好的效果。学生可以寻找一个或者几个伙伴成为学习“搭子”，互相督促和鼓励。要组成一个能够高效学习的“搭子”小组，需要满足以下两点。

（1）共同目标：学习小组成员应当具备共同的目标，也就是学习。大家会一起朝向同一个目标努力，相互监督和帮助。如果有成员的目标并不在学习上，则可能会干扰小组其他成员的学习。

（2）明确规则：学习小组内应有明确的规则。例如，规定活动的时间、地点，小组成员应积极参与每次活动，学习时保持安静等，并且每位小组成员都要遵守规则，确保小组活动顺利进行。

参考文献：

[1]刘丽虹,张积家. 动机的自我决定理论及其应用[J]. 华南师范大学学报(社会科学版),2010(4):53-59.

[2]石绍华,高晶,郑钢,等. 中学生学习动机及其影响因素研究[J]. 教育研究,2002(1):65-70.

[3]托德老师. 点燃孩子的学习动力:关于儿童学习兴趣的真相[M]. 北京:机械工业出版社,2020.

[4]]RYAN R M,DECI E L. Self-Determination Theory and the Facilitation of Intrinsic Motivation,Social Development,and Well-Being[J]. American Psychologist,2000(1):68-78.

好书推荐:《内在动机:自主掌控人生的力量》,机械工业出版社2020年版;《动机心理学》,人民邮电出版社2020年版。

影片推荐:《垫底辣妹》《地球上的星星》《摔跤吧！爸爸》。

做学习习惯的设计师

著名心理学家荣格曾说：“除非你让下意识意识化，否则它将支配你的生活，而你将会称之为命运。”在日常生活中，我们有很多行为都是自然而然发生的，比如起床、漱口、系鞋带，这样一种下意识行为就是你的习惯。当我们进入高中后，新的学习方式和环境，导致我们跟不上学习节奏进而难以适应高中学习和生活。但是，如果这时候我们培养一个或一些好的学习习惯，对于整个高中学习而言可能就大有不同。傅雷有言，修改小习惯，就等于修改自己的意识与性情。

一、心理导航

波尔加三姐妹

著名心理学家约翰·华生曾说过，只要给他一打婴儿，他可以将其培养成任何类型的人物。这一观点在匈牙利心理学讲师拉斯洛·波尔加看来非常具有吸引力，他查阅了大量相关的文献资料，最终发现不是先天因素塑造了一个人的成就，而是一直保持的好习惯及追求完美的态度塑造了天才。他愿意用自己的孩子去验证这一理论。他发现大女儿苏珊4岁时对国际象棋表现出了强烈的兴趣，而拉斯洛·波尔加自己也是国际象棋爱好者，于是他便以培养国际象棋顶尖大师为目标开始教大女儿下棋。

为了充分发挥大女儿兴趣爱好带来的潜能，拉斯洛·波尔加买了六千多册国际象棋相关书籍，家中各个地方摆满世界冠军的肖像，并请各种教练指导大女儿。二女儿索菲亚、三女儿胡科特受到姐姐苏珊和家庭环境的影响也对国际象棋产生了兴趣。拉斯洛·波尔加运用自己所掌握的全部心理学及教育学知识，对三位女儿进行了四十多项训练。由于三个女儿都对象棋感兴趣，对于这种训练她们不仅没有感到痛苦，反倒乐在其中。她们会一起讨论棋局，切磋棋艺，每天在国际象棋上花费5~6小时，最终将下棋变成了一种习惯，并不需要任何意志力去执行。多年后，三位女儿都取得令人瞩目的成就。

思考与讨论：

1.你一直以来保持过哪些良好的习惯？

2.你觉得自己的学习习惯如何？

学习习惯是一个人获取知识、提高技能以及实现个人发展的重要组成部分。良好的学习习惯就像一座稳固的桥梁，连接着个人的意愿与实际行动。有着良好学习习惯的人，能够更加高效地吸收知识，更有耐心地面对学习过程中的困难与挑战。他们会坚持不懈地追求知识的深度和广度，不断完善自己的学习方法和技能。培养良好的学习习惯，对于个人的学业发展和未来的人生成就都有着重要的意义。

二、心理之谜

习惯是由行为的反复出现而形成的，我们大部分的行为都是习惯性行为。20世纪50年代中期，行为主义在心理学中占主导地位。行为主义者认为，习惯是通过重复的行为形成的，而这些行为会被强化或者加强，从而在类似的情境中被更频繁地表现出来。当你做了一件事情得到了奖励，比如，吃了一块巧克力，你就会觉得很开心，下次你可能会想再吃一块巧克力，因为你记得上次吃巧克力的时候很开心。这就是一个简单的奖励和行为之间的联系。

行为主义心理学的代表人物斯金纳就做了实验来验证奖励和行为之间的联系。他设计了一个箱子，里面有一只老鼠。这个箱子里有一个按钮，如果老鼠按了按钮，就会出现一点食物。老鼠发现了按按钮可以得到食物的规律后，就会频繁按按钮。这就好像玩游戏一样，老鼠学会了通过按按钮来得到奖励。然后，斯金纳改变了游戏规则，使得按按钮并不总是能得到食物，而是有时会得到食物，而有时不会。但是即使不是每次都能得到食物，老鼠还是会继续按按钮，因为它还是希望得到食物。这就是斯金纳发现的一种行为模式，我们称之为"习惯"。斯金纳的实验告诉我们，当我们做了某件事情得到了奖励时，我们就会更有可能继续做那件事情，即使有时候没有得到奖励。这种习惯形成的过程，对于我们理解动物和人类的行为有着重要的启示。

习惯可以分为两种类型，第一种是目标导向型习惯。当你执行这些习惯的时候，会带来特定的结果，如当完成后内心会感到很满足。第二种是身份导向型习惯。相比于目标导向型习惯更为宏观与深远，比如养成每天读书的习惯，背后的动机是想成为一个富有学识、饱读群书的人。

为什么会有这样的区分呢？因为行为如果想要发生改变，对自己身份的认知是非常核心的因素。如果一个人打心里觉得自己是一个懒惰的人，那么他既没有动力也没有决心去做出改变，更不用说去培养一个新的好习惯了。心理学研究表明，一个人越是认同自己的某种身份，就越可能按照这个身份期盼的行为去行事。

习惯的形成有四个过程，分别为提示、渴求、反应和奖励。

（一）提示

习惯通常在特定的情境或环境中发生。例如，我们每天早上都会洗漱和吃早饭，这样的习惯发生在早上醒来，即"醒来"这个提示。如果我们想改变一个坏习惯，首先要做的就是发现它在什么样的情境当中出现，例如，赖床不起很可能就是因为熬夜没有休息好。

（二）渴求

每一个习惯背后都有驱动我们行动的动机，就像燃油与引擎驱使汽车运转一样，渴求驱使我们采取行动。人饿了会去吃饭，困了就会睡觉，行为背后都有一些基本需求和欲望驱使我们。由于每个人的基本需求和欲望是不一样的，不同的提示可能会激发相同的渴求也可能会激发不同的渴求。

（三）反应

当提示与渴求出现时，大脑会进行决策，产生实际行动的过程就是反应。一个爱吃甜食的同学路过蛋糕店，蛋糕店里面的提拉米苏、榴莲千层、芝士巧克力派等甜点就是提示，会让他产生想要吃甜食的渴求，他可以选择转身离去，也可以选择购买并品尝，这种选择就是反应。

（四）奖励

我们之所以会源源不断地产生各种各样的行为，就在于这些行为能够为我们提供满足感。例如，玩电子游戏及竞技性体验运动可以带来强烈的快感，这种快感会促使我们再次重复原先的行为，这一切都归因于“习惯的回路”（见表3–1）。于是相关的物品、图标或环境都将成为一种提示，激励我们下一次行为。

表3–1　习惯的回路

问题阶段		解决阶段	
提示	渴求	反应	奖励
手机及手机游戏的图标	愉悦的游戏体验	点进去玩	成就感，愉悦感
放学回家	休息及自由活动	放下学习的事，开始娱乐	做自己喜欢的事情
蛋糕店的蛋糕	摄取糖分	购买并品尝	食欲得到满足
课堂枯燥无聊	有趣的事情	开小差	短暂的放松感

人几乎所有的习惯都会遵循这样一个循环过程，要形成新习惯，必须先建立这样一个过程并不断进行巩固，要改变旧习惯也需要从其中某个环节入手去打破循环。

学习习惯的特点：

（1）生成性。学习习惯不是生来就存在的，而是在后天的学习中有意识或者无意识地逐渐养成的，只有反复地练习才能形成。

（2）固定化。学习习惯是在相同或相似的环境中重复某种行为。当在相同或相似的环境中，学习行为被外界某种因素破坏无法继续时，内心会产生不愉快的感觉。

（3）自动化。学习习惯是学生在长期学习过程中，经过不断强化和积累形成的。成熟的学习习惯从心理机制上来说是一种条件反射定型系统，具有下意识、自动化的特点。

三、心理探索

（一）心理探索营之一

学习习惯知多少

指导语：亲爱的同学，这是一份针对高中学生学习习惯的问卷调查表（见表3–2），该问卷调查的主要目的是通过调查深入了解学生在学习习惯方面的总体状况，深刻分析其中存在的问题，并为改善学生学习习惯、提高学习效率和增强学习效果提供现实依据。请你根据自己的实际情况，在每道题目所提供的四种选项中，选择一项最符合的答案。

表3-2　学习习惯问卷调查表

题号	内容	不符合	不能确定	符合	非常符合
1	“三思而后行”，自我反思，预见学习带来的改变，尽可能做到及时纠正学习思想认识与品行上的偏差				
2	上课时能够紧跟老师的教学思路，积极思考并回答问题，主动参与老师组织开展的课堂教学活动				
3	学习积极主动认真，学习态度端正，学习目标明确具体，清楚地知道自己应该努力的方向与目标				
4	听课时，对重难疑点能够及时记笔记				
5	做作业态度认真，解题过程规范，书写整洁				
6	课后能够及时复习巩固当天所学的内容				
7	作业完成后，能够及时检查，订正作业中的错误，善于积累典型错误，形成自己独特的复习资源				
8	课外经常利用各种学习资源（网络、教辅资料等）自主学习，通过经常多看、多做，拓展知识面，开阔学习视野				
9	能够意识到学习是自己的事情，对学习具有较强的责任感				
10	能够科学、合理、有序地规划所学科目的学习时间，明确什么时间该干什么，注重提高学习效率				
11	经常反省自己的学习状态，总结不足，查找原因，并找出解决问题的有效办法				
12	每当遇到学习问题不能独立解决时，会主动寻求他人的帮助				

续 表

题号	内容	不符合	不能确定	符合	非常符合
13	在学习上遇到的各种问题，不会轻易放弃，喜欢和同学、老师讨论交流				
14	对知识的理解能做到融会贯通，经常运用所学知识解释和解决生活中的问题				
15	当老师讲课出现错误时，能够质疑并求证，敢于表达自己的不同观点和见解				
16	在学习和考试中，能够做到敢于并善于和同学们公平竞争				
17	及时上交老师布置的作业，从不拖拉作业				
18	总是充分复习备考，认真对待每一次考试				
19	老师提问或自己遇到问题时，能够迅速开动脑筋，想到解决问题的方法				
20	时常有一些关于学习的奇思妙想，不满足于既定的答案				
21	在学习上碰到难题时，能够坚持不懈地想方设法独立思考解决问题的方法				
22	能够举一反三，尝试用不同的方法去解决学习上的某些问题				
23	学习上如果遇到难题无法解答、考试失败等挫折，能够寻找合适的方法，迅速地调整情绪，走出挫折的阴影，乐观地度过每一天				
24	对未知领域充满好奇心，努力尝试通过适当的方式探究其中奥秘				
25	能够花更多的时间去弥补学习上的弱项，努力追求学科平衡				
26	独立完成作业，不抄袭他人的作业				
27	在学习上从不满足已取得的成绩，积极进取，总想通过自己的努力不断取得更优异的成绩				

续 表

题号	内容	不符合	不能确定	符合	非常符合
28	有较高的悟性,不想放弃并尽力抓住每一次有利的学习机遇				
29	学习上有很强的自尊心,想尽自己所能把学习任务完成得更为完美				
30	学习上不封闭保守、心胸开阔,乐于和同学分享自己学习上的成功经验,能够和同学资源共享、合作愉快,共同进步、共同提高				

在完成调查表后，按1～4分进行打分，答案为“不符合”的记1分，“不能确定”的记2分，“符合”的记3分，“非常符合”的记4分。满分为120分，总分越高，说明你的学习习惯越好。

（二）心理探索营之二

30天学习习惯养成计划

第一步：在接下来的30天内，计划养成6个适合自己的学习习惯，并明确这些习惯分别适合在一天中的哪个时间段进行，允许自己每天只执行其中的4～5个。这样做是为了培养执行习惯的能力，而不仅仅是追求养成习惯本身；如果在某一天没有完成所有计划的习惯，请不要自责，也不要在第二天试图补偿；此外，将30天每两天划分为一个小节，总共15个小节，当完成一个小节之后再从一个新的小节开始。

第二步：30天计划结束后，有意识地不去做原先要求自己养成的6个习惯，然后看还有哪些习惯已经融入你的日常生活中。

第三步：检查第二步中有哪些习惯没有被执行，哪些习惯已经根深蒂固，甚至不需要任何意志力就能自然执行。当6个习惯都达到这种状态后，可以再重新开始30天计划，继续培养新的习惯。

（三）心理探索营之三

学习习惯之旅

活动目的：帮助参与者认识和改进自己的学习习惯，培养有效的学习方法，从而提高学习效率和成绩，同时增强自我管理能力和自律意识。

步骤：

（1）指导语：请同学们根据自己的特长，选择想要去的小组。一共有五个小组，分别为思维大师组、复习记忆组、品质道德组、课堂之王组、学习社牛组。它们分别代表了不同的学习习惯，例如，“思维大师组”强调的是多角度思考和自我反省，“复习记忆组”注重及时复习和记忆技巧，“品质道德组”强调诚信和责任感，“课堂之王组”鼓励积极参与课堂活动，“学习社牛组”强调主动问老师问题和与同学合作。

（2）将参与者分成几个小组，每个小组代表一个“学习家族”。每个“学习家族”都安排一个特定的学习习惯代表。

（3）每个小组收到一个包含有关他们学习习惯代表的简短描述和特点的任务卡片。任务卡片上也附有与之相关的小道具或装饰物，如记忆卡片、计时器、彩色眼罩等。

（4）参与者根据自己所在小组的任务卡片，扮演对应的学习习惯代表，并在一段时间内体验该学习习惯的方式和特点。

（5）在体验过程结束后，每个小组成员用彩色笔在大型海报上标出自己的体验和感受，例如，“‘复习记忆组’会用各种记忆法，迅速高效”“‘思维大师组’的学习计划让我觉得更有条理了”。

（6）主持人带领小组讨论，让参与者分享他们的体验，并从中探讨各种学习习惯的优劣势及适用情境。

（7）总结语：通过这样一次活动，我们感受到了不同学习习惯对不同学习过程的影响，每个人都有自己的长处和短板。在大家的分享中，我们感受到了各种习惯之间的碰撞与融合，也祝大家能够发挥自己的优势，弥补不足，在学习这条道路上不断精进！

四、心理拓展

费曼学习法是一种帮助你更深入理解和记忆知识的学习方法。这个方法的名字来自一个美国著名物理学家理查德·费曼，这个方法的核心是通过将你所学的东西用自己的语言解释给别人听，来检验你是否真正理解了这个知识点。

具体来说，费曼学习法有四个步骤。第一步，选择你想要学习的一个知识点或主题。可以是你在学校或自学中遇到的任何内容，比如数学公式、历史事件、科学理论等。第二步，努力理解这个知识点。如通过阅读教科书、查找网上资料、听老师讲解，确保你对这个知识点有一个基本的理解。第三步，用自己的话语把这个知识点解释给别人听。这个“别人”可以是你的同学、朋友，甚至是一只小动物。关键是，用尽可能简单和清晰的语言，把这个知识点解释给他们听。第四步，回顾你的解释，找出其中不够清晰或理解不够深入的地方。然后，再次学习和理解这个知识点，直到你能够用更简单、更清晰的语言来解释它。

这个方法之所以有效，是因为当你尝试用自己的话语解释一个知识点时，你会不断地思考、梳理，从而加深对这个知识点的理解。而当你发现自己无法用简单的话语来解释某个知识点时，这也是一个信号，提醒你需要回去再学习和理解这个知识点。当你将你学到的知识教授给其他人时，你对知识点的印象就更加深刻了，内容留存率也更高了。如果有同学来问你问题，你给他解答，这不仅帮助了他，也会帮助你巩固及加深对知识点的理解。

在我们日常学习中，几乎绝大部分时间都是老师讲、我们听，但没过多久就忘记了。或者明明做过类似的题，再次做，还是做错或者不知道怎样去解。这时候我们可以尝试当一回“老师”，假设有一位不理解这道题的学生，你必须强迫自己将每一个步骤、每一个知识点都对他讲清楚、说明白。虽然这个过程是痛苦的，但只要做到了，那些曾经觉得模糊的地方就会逐渐清晰。经过不断坚持后，你的知识掌握程度就会提高，犯错自然就变少了。

艾宾浩斯是一位德国心理学家，他在19世纪末通过上万次的背诵得出了记忆的规律，提出了著名的遗忘曲线。

艾宾浩斯遗忘曲线的特点是在学习后的最初阶段，遗忘速度非常快，随着时间的推移，遗忘速度逐渐减慢，直到达到一个相对稳定的水平。尽管遗忘曲线的具体形状可能因个体、学习内容和其他因素而异，但曲线的整体趋势在许多学习和记忆实验中都得到了验证。因此，在学习了新知识后，及时复习才能提高学习效率。与此同时需要注意的是，艾宾浩斯遗忘曲线针对的是无意义的记忆材料，在进行记忆时如果花费更多的时间理解材料，也能够增加记忆的量和加深记忆的程度。

通常在早自习时间我们会花费大量的时间进行背诵，但几乎很难在背诵完过后及时地回顾背诵的内容。我们可以充分利用艾宾浩斯遗忘曲线的规律，每天中午休息的时间及时回顾早自习没有背熟的内容，晚自习再回顾中午记得不牢固的知识，依此类推滚动式复习。当养成了这样一个学习习惯，即便我们记忆能力不是很强，也可以使自己记得牢固。

参考文献：

[1]张晓霞. 高中生学习习惯量表的编制及应用研究[D]. 芜湖:安徽师范大学,2014.

[2]莫顿·亨特. 心理学的故事:源起与演变[M]. 寒川子,张积模,译. 西安:陕西师范大学出版总社有限公司,2013.

[3]詹姆斯·克利尔. 掌控习惯[M]. 迩东晨,译. 北京:北京联合出版公司,2019.

好书推荐:《5%的改变》,四川文艺出版社2022年版;《微习惯》,江西人民出版社2016年版;《福格行为模型》,天津科学技术出版社2021年版。

影片推荐:《习惯的奴隶》。

对话“拖延怪”

“时间还早，明天再写。”

“到时候再说!”

“这个假期我一定要早点开始写作业。”

“我下次再也不拖延了!”

你对上面的话感到熟悉吗？或许它们是你身边同学的口头禅，又或许它们就是你自己经常说的话。明明知道拖延会带来不好的后果，但是我们好像就是很难改变拖延行为。拖延似乎成了一种生活在我们身旁的无形怪物，拉着我们的双手双脚，不让我们行动。想要摆脱它的束缚，我们需要认识它，分析它存在的原因，和它进行理性的“对话”。

一、心理导航

作业之忧

小米是某高中一年级的学生，她天生聪慧，却有一个坏习惯——拖延。这个习惯给她带来了很多麻烦。

国庆假期，各科老师都布置了一些作业，要求学生们在假期内完成。小米拿到作业后，觉得还有很多时间，于是选择先放一放。她想着，明天再开始动笔也不迟。

第二天，小米本打算着手写作业，但她觉得自己还有很多时间，就决定先玩一会儿手机，于是她开始玩游戏，再浏览一下社交媒体。到了晚上，她意识到时间已经过去了很多，但她还是觉得可以在剩下的几天里完成作业。

然而，随着时间的推移，小米开始感到焦虑，但她还是继续拖延。她认为自己能够在最后时刻完成任务。

假期的最后一天，交作业的日子就要到了，小米才开始动笔。她急急忙忙地翻书、查资料，试图临时“抱佛脚”冲刺一下，她一边紧张地写着，一边焦虑地看着时间流逝，此刻，她只感到自责和沮丧，悔恨当初为什么不早点开始写作业。

从那以后，小米决心以后写作业再也不拖延了。可是，没过多久她又重蹈覆辙了，依然习惯性地在最后一刻拼命赶作业，这不仅导致作业完成的效果不好，还让她对学习本身产生了厌倦。

思考与讨论：

1. 你曾经有过和小米同学类似的经历吗？

2. 拖延行为给我们的学习和生活带来了什么影响？

拖延就像一个怪物，侵扰着我们的学习和生活，给我们的学习和生活带来很多负面影响。拖延导致学生不能按时完成作业，学习效率降低，进而影响学业成绩，而频繁的拖延行为可能会削弱一个人的学习动力和自信心。拖延的过程中，学生常常处于焦虑的状态，影响学生的心理健康。如果一个人习惯性拖延，走上了工作岗位后也常常会拖延工作任务，影响工作效率，导致任务堆积、工作压力增加，甚至影响一个人的生活质量和幸福感。及时克服拖延行为、提高时间管理能力对于个人的成功和幸福至关重要。

二、心理之谜

（一）你存在拖延行为吗

什么是拖延？心理学认为拖延是一个人有意识地推迟或延迟需要完成的

任务、目标或决定的行为。这种行为常常导致任务没有按时完成或目标达成的延迟，同时个人伴随着焦虑、压力和自我贬低的情绪。回想一下：你平时在完成作业的过程中，是否存在拖延的习惯？而在拖延写作业的过程中，你是否感到焦虑？每次拖延之后，你是否会感到后悔和内疚？如果对以上问题的回答是肯定的，你可能存在着拖延行为。

为了进一步确认自己是否存在拖延行为，我们可以通过下面几点来进行判断。

自我观察：观察自己在日常生活中的行为模式，留意自己是否经常会拖延完成任务，是否经常会做一些与任务无关的事情，如玩手机、看电视、玩游戏等，而不是一开始就去行动。

注意情绪和感受：留意在完成任务之前或任务期限临近时自己的情绪和感受。拖延行为往往会引起焦虑、内疚、压力感等消极情绪，而这些情绪可能是拖延的体现。

检查借口和理由：留意自己是否经常用一些借口和理由来推迟或避免完成任务，比如“我现在不在状态”“我在等待灵感”等。

寻求他人反馈：询问同学、家人或老师的意见，了解他们是否观察到你的拖延行为。他们可能会提供有价值的反馈和观点，帮助你更好地认识自己的行为。

（二）为什么人们会拖延

心理学工作者通过各种研究发现了拖延行为和很多因素有关。

情绪变化：情绪的变化会影响一个人的行为，比如焦虑、压力感、沮丧或对任务的恐惧可能会引起拖延行为。我们往往会有这样的感受，当心情不好时，我们写作业的意愿会降低，当情绪状态很好的时候，学习动力更加充沛。心理学研究指出，拖延行为和内心的恐惧情绪有很大关系，因此人们可以尝试通过改变内心的恐惧来改善拖延行为。

个体特质：个体的性格特质和倾向也是影响拖延的重要因素。比如，缺乏自律、自我控制力较弱、倾向于冒险等特质可能会增加拖延的可能性。生活中不难看出，喜欢拖延的同学一般自律性较差，他们似乎很难“管住”自己，还有同学会把所有作业拖到最后一天完成，他们试图想要“一天创造奇迹”。

任务特征：任务的复杂性、难度、新颖性都可能影响拖延行为。如果任务被认为太复杂、太难或者缺乏吸引力，更有可能产生拖延行为。比如数学老师布置了一份难度非常高的试卷，而不擅长数学的同学则更有可能迟迟不愿意行动。

认知过程：个体对任务的认知过程可能影响其拖延行为。比如，对任务的过度理想化、过度自我要求、害怕失败、感到无能为力等认知偏差可能导致拖延。很多习惯拖延的人往往有“我怕失败，所以干脆就不干”“要做就要做到完美，要么就不做”“我估计自己学了也学不好，干脆就不学”等想法。

时间管理困难：缺乏有效的时间管理技能可能会导致拖延。有的人不知道如何合理安排时间、设定任务完成截止日期或制订任务计划。生活中有这样的同学，对学习和生活没有规划，没有时间观念和紧迫感，常常到最后一刻才想起来自己的任务还没有完成。

外部环境：外部环境的影响也可能导致拖延行为。比如，社交媒体、电子设备、社交活动等外部诱惑可能会分散个体的注意力，使其更容易拖延。很多同学都有这样的感受，当手机或电脑等在身边的时候，他们会告诉自己“我就玩一小会儿”，但是时间飞逝，不知不觉学习任务就被延迟了。

目标设置和动机：不清晰的目标、模糊的动机或缺乏激励可能会增加拖延行为。没有明确的目标和动机可能导致个体缺乏前进的动力，从而选择拖延。因此生活中，那些有着明确的学习目标的同学，看起来更加自律，很少有拖延行为。

（三）如何克服拖延行为

改变拖延行为需要采取一系列策略和方法，具体如下。

（1）设定明确的目标和计划：确立清晰的目标，并制订具体的实施计划和时间表，有助于减少拖延行为的发生。我们可以将学习任务分解成多个小目标，并设定明确的任务完成截止日期或时间点，这样有助于提高任务完成的可行性。

（2）建立积极的动机：找到与任务相关的个人动机，并将其与目标联系起来。我们可以思考任务完成后的好处和奖励，例如，学到了一个新知识、提高学业名次、得到老师的赞赏等。

（3）克服拖延的心理障碍：识别并克服导致拖延的心理障碍，如恐惧、焦虑、自我怀疑等。比如尝试通过认知重塑和情绪调节等技巧，改变对任务的负面认知和情绪反应。

（4）制订时间管理策略：学习并实践有效的时间管理技巧，如制订任务清单、任务优先级排序、时间合理分配等。有效地管理任务和时间，有助于减少拖延的发生。

（5）培养自我控制能力：培养自我控制能力和自我纪律，学会延迟满足和抵制诱惑。通过锻炼自我控制能力，更容易克服拖延行为。

（6）寻求支持和监督：寻求家人、老师和同学的支持和监督，分享自己的目标和计划，并接受他们的鼓励和反馈。我们可以尝试和同学分享学习进度，这有助于增强责任感和执行力。

（7）培养良好的习惯和营造环境：培养良好的工作和学习习惯，营造有利于任务完成的环境。比如给自己打造一个“纯净”的学习空间，排除手机、电脑、漫画书的干扰和诱惑，营造专注的氛围。

三、心理探索

（一）心理探索营之一

“拖延怪”的图鉴

指导语：学习中，我们偶尔会遇到这样的怪物，它让你即使处于焦虑中，也迟迟不愿去写作业。它有一种挥之不去的魔力，虽然你非常不想见到它，但是它随时可能出现，出现在一本作业刚刚摊开时，出现在手机刚刚打开时，出现在假期刚刚开始时……请你想象它的特征，然后用图画的形式来描绘它，可以增加一些语言上的描述，对它进行解说。

有位同学用语言描述了他遇到的“拖延怪”，我们一起来看看这是什么样的怪物。

（1）虚无的双眼：“拖延怪”有一双虚无的眼睛，代表着对任务目标认知的模糊和缺乏清晰的方向感。它不知道自己要做什么，也不知道为什么要做。

（2）无形的触角：“拖延怪”的触角是无形的，代表着拖延行为悄悄地侵入个人的思想和行为。它使个人产生拖延的冲动，难以抵抗。

（3）贪婪的嘴巴：“拖延怪”有一个贪婪的嘴巴，代表着它不断吞噬个人的时间和精力。它让人陷入无意义的活动中，无法专注于重要的任务。

（4）懒散的身体：“拖延怪”有一个懒散的身体，代表着它能让人变得懒惰和消极。它使人失去动力和决心，无法克服拖延。

（5）阴影的环绕：“拖延怪”被一层阴影环绕，代表着它带来的压抑和焦虑。它让人感到沮丧和无助，无法摆脱拖延的困扰。

（6）长长的利爪：“拖延怪”有一双长长的利爪，代表着它使人陷入困境，并且无法轻易摆脱。它不断抓住人们，使他们无法摆脱拖延的束缚。

思考与讨论：

1. 你的“拖延怪”和这位同学的“拖延怪”有什么类似之处？

2. 根据这位同学所描述的“拖延怪”的生动模样，你是否想完善一下自己“拖延怪”的形象呢？

（二）心理探索营之二

对话“拖延怪”

指导语：根据大家在前一个活动中对“拖延怪”的描述，再结合人们对拖延行为的心理分析，我们推断出拖延怪可能存在很多种形态，我们在此将其称为“拖延怪”的“真身”。为了方便大家交流，我们列举了“拖延怪”

的6个“真身”。（这里需要强调，拖延行为的形态是多样的，并不只有6种）

真身1：怕怕怪。特征：总认为接下来要做的任务很难，所以迟迟不敢面对。

真身2：狡辩怪。特征：总有各种拖延作业的理由。比如，今天桌面不够干净，我不能写作业；今天天气不够好，我不能写作业；今天状态不够完美，我不能写作业……

真身3：叛逆怪。特征：在别人催促我去做的那一刻，我决定不做了。

真身4：乐观怪。特征：总认为我还有很多时间，总是觉得不着急，总认为同学们跟我一样都还没有写作业。

真身5：走神怪。特征：容易被周边的事物吸引，比如手机、电脑、小说，甚至是一支坏掉的笔。

真身6：“老油条”怪。特征：不知道为什么，每次就是不想立刻行动，习惯性拖延。

活动规则：

（1）根据“拖延怪”的6个“真身”，将班级同学分为六组。

（2）每组再分成两小队，分别饰演两种角色——“拖延怪”和智慧的人类。

（3）完成任务一：设计“拖延怪”的经典语录。

（4）完成任务二：设计“拖延怪”和人类的对话。（目标：打败“拖延怪”）

（5）活动结束后每组派两名同学上台展示。

思考与讨论：

1.你在学习和生活中，最常遇到哪种“拖延怪”？

2.在同学们的对话中，你得到了什么启发？你找到了对付“拖延怪”的办法了吗？

3.除了以上6种“拖延怪”的“真身”，你还遇到过哪些“拖延怪”的“真身”？请简单介绍一下它的特点。

（三）心理探索营之三

战斗海报

指导语：为了发挥集体的智慧，请同学们结合自己的学习经历，总结一些学习或生活中用来克服拖延的具体事例或方法，小组合作完成海报的制作。

活动规则：

（1）教师将班级同学分为6个小组，每个小组为自己的战队命名并拟出一句宣言。

（2）学生绘制海报。海报包括战队名称、组员姓名、战斗事例或方法等要素，海报设计应图文并茂。小组内一名成员负责记录，将大家的发言内容用彩笔简要写在海报上。

（3）海报完成后，小组轮流发言。

（4）进行海报传递。将第一小组的海报顺时针传递给下一小组，下一小组仔细阅读上组海报，对海报上的问题尝试提出解决方法并选出大家认为解决拖延最有效的方法，并做标注。

（5）在全班范围内分享被标注的内容，进行讨论。

（四）心理探索营之四

“拖延怪”走了后

指导语：克服拖延行为可以提高学习效率，还可以减小压力和焦虑等负面情绪的影响，长久下去甚至可以提高一个人的自信心、自尊心和自我控制力，促进个人成长和职业发展。请回忆一件你一直以来都非常想要去做，但是迟迟没有行动的事情。再请你设想一下，如果你赶走了“拖延怪”，你的生活将会发生什么样的变化。请认真思考并完成下面的任务单。

> 我一直很想去做这样的事情：____________。
> 但是因为“拖延怪”入侵了我，所以我迟迟没有行动。
>
> 如果我赶走了“拖延怪”，那么我的生活会有这样的变化：
> （选择符合自己情况的选项填写）
> ✓ 我的学习将会____________________。
> ✓ 我的时间管理将会____________________。
> ✓ 我的信心将会____________________。
> ✓ 我的人际关系将会____________________。
> ✓ 我的身体将会____________________。
> ✓ 我的情绪（心情）将会____________________。
> ✓ 我的____________________。
> ✓ 我的____________________。

四、心理拓展

（一）“WOOP”思维

在研究自律和拖延这个话题上，世界著名心理学家加布里埃尔·厄廷根教授在他的《WOOP思维心理学》一书中提出“WOOP”思维方式，“WOOP”分别代表四个英文单词。

W（愿望，Wish）：明确愿望。一个你内心的愿望，也可以理解成一件你最想完成的事。

O（结果，Outcome）：想象结果。如果愿望达成了，你将收获什么样的结果。

O（障碍，Obstacle）：分析障碍。在实现目标过程中，你最担心发生的障碍或困难。

P（计划，Plan）：制订计划。预演最好和最坏情况，找到一个平衡点。

比如一个想要通过户外跑步来减肥的人，她只有一个模糊的减肥目标，很容易放弃。如果遇到了雨天，如果遇到了身体不舒服，如果遇到了今天学习任务比较多、时间紧迫，“拖延怪”就容易乘虚而入，因为拖延的人总是有各种理由和借口（见表3-3）。

表3-3 “WOOP”思维的实例

“WOOP”思维	实例
“W”:明确愿望	通过户外跑步来减肥
“O”:想象结果	减肥后我的身材变得苗条了,可以穿上很多好看的衣服; 我会变得自信,有勇气和同学交流; 坚持跑步还可以锻炼我的身体,让我的身体素质变得很好; 跑步还可以磨炼我的意志力,让我更加有毅力,或许可以提高学习效率; 我不再因为身材而整日苦恼了,我的心情也会变好
“O”:分析障碍	下雨天难以进行户外跑步; 身体偶尔会不舒服; 有时候作业比较多,估计难以抽出时间跑步
“P”:制订计划	如果我遇到了下雨天,我就去健身房跑步,或者在室内打球; 如果我身体不舒服了,我可以不去运动,但是我今天的饮食需要减少一点; 如果我的作业比较少,我可以选择放学时走路回家

“WOOP”思维方式的特殊之处在于，我们不是仅仅告诉自己要去行动，给自己打气来激励自己，而是通过看到实现愿望的美好结果，唤醒我们的内驱力。

（二）从5%的改变开始

很多人希望改变自己的拖延习惯，他们在多次拖延之后，尝到了拖延带来的“恶果”，于是痛下决心，决定来个彻头彻尾的转变，可是结果常常不如人意。这种想要“百分之百的转变”的思维常常存在，但是好像很难实现。

在《5%的改变》一书中，作者认为很多人希望自己能够有“脱胎换骨”

的变化，比如，突然变得饮食自律，获得减肥成功，再比如，突然变得学习自律，战胜拖延，获得学业成功。可恰恰是这种想要“百分之百的转变”的压力才把我们困住了，焦虑、自卑等负面情绪消耗掉了我们行动的信心和动力。因此作者提出了“从5%的改变开始”的观念，不用一开始就告诉自己要彻底改变，而是只改变一点点，降低了开始行动的门槛，也提高了改变的可能性。作者设置了“最小行动按钮”，作为某项任务启动的标志。

这种思维观念对改变拖延是一种很好的启发，我们可以在学习中做以下尝试。

比如，你想要提高英语成绩，你希望自己从背单词做起，但是当你翻开单词表时，那么多陌生的单词让你望而却步，你想着：“太难了，今天状态不好，下次再开始背吧！”于是学习英语这项计划就被一拖再拖。而“最小行动按钮”就是给自己布置一个非常小的任务，比如，今天就背一个单词，仅仅一个单词，看起来没有什么难度，于是你轻松地完成了今天的任务，你也成功地开启了学习英语之路。后面的每天依然保持只背一个单词，你依然可以轻轻松松地完成目标，这种小小的成就感让你可以继续保持背单词的行为。直到有一天你觉得每天背一个单词的量实在是太少了，你特别渴望每天再多学一个单词时，再给自己安排“每天背2个单词”的任务，继续保持一段时间。

在《微习惯》一书中也有类似的观点，作者认为人们很难长期坚持一项高难度的任务，但是可以长期坚持某个微小的习惯。改变自己的拖延习惯其实并不是要彻头彻尾地“脱胎换骨”，而是走出一小步，实现人生改变的一大步。

参考文献：

[1]简·博克，莱诺拉·袁. 拖延心理学[M]. 蒋永强，陆正芳，译. 杭州：浙江教育出版社，2021.

[2]李松蔚. 5%的改变[M]. 成都：四川文艺出版社，2022.

[3]斯蒂芬·盖斯. 微习惯：简单到不可能失败的自我管理法则

[M]. 桂君,译. 南昌:江西人民出版社,2016.

[4]加布里埃尔·厄廷根. WOOP思维心理学[M]. 吴果锦,译. 北京:中国友谊出版公司,2015.

好书推荐:《拖延心理学》,浙江教育出版社2021年版;《5%的改变》,四川文艺出版社2022年版;《微习惯:简单到不可能失败的自我管理法则》,江西人民出版社2016年版。

影片推荐:《垫底辣妹》。

学习兴趣

据史书记载，东汉时期的杰出天文学家张衡，自小便对自然科学产生了浓厚的兴趣，经常涉猎相关读物。某日，他在一本诗集中读到四句描绘北斗星随季节变化而移动的诗句："斗柄东指，天下皆春；斗柄南指，天下皆夏；斗柄西指，天下皆秋；斗柄北指，天下皆冬。"这些诗句深深吸引了他，"夜空中繁星各自遵循着怎样的规律运行呢?"张衡觉得这一切充满了无限的魅力。因此，他根据诗的内容，并结合其他书籍的知识，绘制了一幅天象图。每当夜幕降临，只要天空晴朗无云，他就会静静地对着这幅图，仔细观察星空。星空中的奥秘无穷无尽，张衡一边观察，一边记录，一边思考，脑海中充满了各式各样的疑问和五彩斑斓的想象。随着时间的推移，他逐渐发现那四句诗中的描述并不完全准确。实际上，早春时节，斗柄指向东北方，而到了暮春，则指向东南方。正是兴趣支持着张衡毕生学习和研究天文知识。

一、心理导航

潘建伟——因兴趣结缘量子力学

潘建伟，中国科学院院士，在高中阶段便对物理产生浓厚兴趣。为了实现深入研究物理的梦想，他毅然放弃浙江大学的保送机会，以卓越成绩考入中国科学技术大学近代物理系。在大学期间，潘建伟全身心地投入学习中，偶然间接触到量子理论，对此产生了浓厚兴趣，并沉迷于量子知识的探索中。

随着对量子领域的深入研究，潘建伟认识到实验研究的重要性，但当时国内技术条件有限。为了深入研究量子知识，他选择出国深造，致力于量子领域的学习，并顺利获得博士学位。在读博期间，他提出了量子态隐形传输的构想，并意外地参与了相关研究小组的工作。1997年，该小组在《自然》杂志上发表了题为《实验量子隐形传态》的论文，潘建伟作为第二作者参与其中。

在量子领域取得一席之地后，潘建伟怀着为祖国量子科学事业作贡献的决心回国。尽管当时国内量子知识普及度不高，他仍坚持建立自己的量子实验室，并最终成为中国科学技术大学的教授。2016年8月16日，我国科学家自主研制的世界首颗量子科学实验卫星“墨子号”成功发射，实现了卫星与地面之间的量子通信，标志着世界最安全通信网络的诞生。潘建伟正是这一项目的首席科学家，为我国量子科学事业作出了杰出贡献。

思考与讨论：

1.从小到大你对哪些学科知识产生过浓厚的兴趣？

2.在学习感兴趣的学科和其他学科的过程中你有哪些不同的体验？

3.结合自己的经历谈谈如何保持对学习的兴趣。

二、心理之谜

兴趣是个体认识某种事物，或从事某种活动的心理倾向，是推动个体认识事物、探索真理的重要动机。

兴趣发展分为三个阶段：有趣、乐趣、志趣。其标志分别为好奇心、求知欲、中心兴趣。觉得有趣是兴趣发展的第一阶段，其标志为好奇心。一般来说，它是由事物外在的新异现象所吸引而产生的直接兴趣，往往是由好奇心引发产生的。好奇心是学生对新异事物积极探求的一种心理倾向。好奇心主要表现在好问、好动上，它的特点是随生随灭，持续时间短暂。乐趣是兴趣发展的第二阶段，它是在有趣的基础上发展起来的定向活动。乐趣产生的标志就是求知欲。求知欲是人们积极探求新知识的一种欲望，它带有浓厚的情感色彩。乐趣往往与快乐的情感体验相结合。求知欲一旦产生就可以成为学习的动力，它不仅是学生走上科学之路的诱因，还是促使学生进行创造性活动的原动力。乐趣的特点是基本定向，持续时间较长，有快乐的情感体验。志趣是兴趣发展的第三阶段，也是高级阶段，是在有趣、乐趣的基础上发展起来的。它的特点是积极自觉，持续时间长，甚至终生不变，产生职业感。它使学生全身心地投入学习活动中，以致废寝忘食，专注地学习，它有助于创造性学习行为的发生。志趣产生的标志是在广阔兴趣上有了中心兴趣。在乐趣的基础上，学生易有广阔的兴趣，即对多方面的事物或活动感兴趣。而中心兴趣是指对某一方面的事物或活动有着浓厚而又稳定的兴趣。学生在多方面地摄取知识、打下扎实的知识基础后，应进一步在某一方面进行更加深入的钻研，从而培养起中心兴趣。当学生对学习产生兴趣时，他们会在学习中表现出更大的活力，使兴趣得以持久稳定地发展，进而使学习效能大大提高。

学习兴趣是人们对学习对象的认知倾向，表现为对学习的热爱和喜欢，它让人们愿意主动学习，探索新知识。学习兴趣可以分为两种：直接兴趣和间接兴趣。直接兴趣是指个体对某个学科或领域的知识和技能产生热爱和好奇心，比如，特别喜欢数学或科学。间接兴趣则是想要通过学习达到某个目标，比如，为了上大学或找工作而学习某个学科。

学习兴趣的形成和发展受到很多因素的影响，包括学生的性格、需要、动机等，也包括家庭环境、学校教育和社会环境等。学校教育和教师的教学方法对学生的学习兴趣有很大的影响，有趣的学习内容和良好的学习环境可以激发学生的学习兴趣。

而且，学习兴趣和学习效果是紧密相连的。如果个体对某个学科感兴趣，可能会投入更多的时间和精力去学习，从而取得更好的学习效果。因此，学生可以通过培养学习兴趣来提高自己的学习效果。

总的来说，学习兴趣是学生学习活动的重要组成部分，对学生的学习效果和人生发展都有很大的影响。

三、心理探索

（一）心理探索营之一

我们在日常生活中都有哪些兴趣呢？请仿照表格内容，根据自己的实际情况填写表3-4。

表3-4　我的兴趣

我的兴趣	它属于有趣、乐趣还是志趣	它是直接兴趣还是间接兴趣	如何产生	如何维持	是否能转化为学习兴趣
画画	乐趣	直接兴趣	父母引导	自我坚持	能
打游戏	有趣	直接兴趣	主动自愿	自动维持	不能
练口语	志趣	间接兴趣	老师引导	父母支持	能

（二）心理探索营之二

根据目标管理的SMART原则——具体、可量化、可实现、相关、有时间限制，我们可以借以养成我们的兴趣。请同学们写下三个最想培养的兴趣，然后从中选择一个符合SMART原则的兴趣，完成兴趣养成手册。

我的兴趣养成手册

我想养成的兴趣是:____________。

兴趣养成起始时间:____________; 终止时间:____________。

做以下事情有助于我的____________兴趣养成:

1.______________________________

2.______________________________

3.______________________________

4.______________________________

5.______________________________

请给以上事情打分,0~10分,最有助于兴趣养成的打10分,依次递减。

然后按照分值从大到小,将上述事情重新排列:

1.______________________________

2.______________________________

3.______________________________

4.______________________________

5.______________________________

现在我每天按照上述事情顺序依次完成。

立约人:

(三)心理探索营之三

创业者联盟

指导语:今天我们为大家提供了6种创业项目,在接触项目之前,需要大家先根据自己的兴趣组成“创业者联盟”。现在,请大家暂时不要考虑其他因素,仅从自己的兴趣出发,选择要加入的创业者联盟。

联盟一:实干家联盟

适合那些情绪稳定、有耐心、朴实、坦诚的人。他们喜欢通过实际行动来表达关心和爱,喜欢在追求实际成果的环境中从事明确固定的工作。他们对机械和各种工具表现出浓厚的兴趣,尤其热衷制造有实际用途的物品。在这个联盟中,你可以找到与你志同道合的伙伴,一起分享和探讨关于实际操作和务实生活的点滴。

联盟二：思考者联盟

适合那些善于观察、思考、分析和推理的人。他们喜欢用自己的头脑解决问题，并追根究底；不喜欢受到他人的限制和指引，喜欢自由自在地工作和思考。在这个联盟中，你可以与其他思考者一起探讨哲学、科学或其他深入的话题，激发彼此的创造力。

联盟三：艺术家联盟

适合那些直觉敏锐、善于表达和创新的人。他们喜欢通过书籍、文字、声音、色彩等形式来表达自己的创造力和美感；喜欢自由自在的工作环境，不喜欢受到束缚和限制。在这个联盟中，你可以与其他艺术家一起创作、分享和欣赏艺术作品，共同探索美的奥秘。

联盟四：协调者联盟

适合那些对人和善、容易相处、关心他人感受的人。他们喜欢倾听和了解别人，愿意付出时间和精力去解决他人的冲突；喜欢与他人合作，共同为团体尽力，并享受融洽和睦的氛围。在这个联盟中，你可以结交新朋友，拓展人际关系，共同创造一个和谐美好的环境。

联盟五：领导者联盟

适合那些精力旺盛、生活节奏快、喜欢冒险和竞争的人。他们具有明确的目标和很强的行动力，善于说服和组织他人；希望成为团体的焦点人物，并希望自己的表现能够得到他人的肯定。在这个联盟中，你可以展现自己的领导才能和魅力，与其他有抱负的人一起追求更高的成就。

联盟六：稳健者联盟

适合那些个性谨慎、踏实、讲求规矩的人。他们喜欢在有明确规范的环境中工作，注重效率和精确性；不喜欢冒险或领导他人，喜欢安安稳稳地工作和生活。在这个联盟中，你可以与其他稳健者一起分享关于稳健生活和工作的经验，共同追求稳定和可靠的生活。

我选择加入____________联盟。

思考与讨论：

1. 和选择同一创业者联盟的人一起讨论：这个联盟有哪些特点特别吸

引你？

2. 目前有一个商业项目：生产“脑轻松”（一种仪器，能调节人的焦虑情绪）并推向市场，你们的创业者联盟可以做哪些工作来帮助这款产品的销售？小组商讨并分享。

3. 现在让你转入其他创业者联盟，你愿意吗？如果不愿意，为什么？如果愿意，你想加入哪个创业者联盟？

四、心理拓展

（一）学习兴趣和学习之间的关系

学习兴趣与学习之间存在着密切的关系。学习并非易事，它要求学生投入大量的心智努力和一定的体力。那些对某一学科缺乏兴趣的学生，很难在该学科上付出大量的努力，即使他们被迫这样做，效果往往也不尽如人意。

然而，观察那些在学习上取得优异成绩的学生，我们可以发现大部分学生有一个特点：他们对所学学科有着浓厚的兴趣。这证明了兴趣是学习的最佳驱动力，它鼓励人们积极探索，不断求知。兴趣能够激发大脑的活力，使人在长时间的学习中保持清醒和专注，从而大大提高学习效率。

（二）学习兴趣的相关心理学实验

心理学家西·索洛维契克通过一项实验揭示了积极的学习态度对学习效果的巨大影响，他鼓励学生在学习过程中积极思考，进而激发他们的学习兴趣。在这项实验中，学生根据自己的学习偏好选择了一门自己相对不那么感兴趣的课程。每天，在正式学习这门课程之前，他们需要完成以下活动：首先，以面带微笑、搓手或是哼唱自己喜欢的歌曲的方式，展现出一种跃跃欲试的积极状态；其次，他们需要在心中默念“我能够理解和享受接下来的学习内容”；最后，他们要比平时更加细心和投入，因为细致入微的学习态度是热爱学习的关键。实验的结果令人鼓舞，仅仅三周的时间，大多数参与实验的学生都成功转变了学习态度，他们不仅摆脱了过去的消极情绪，还在探索知识的过程中找到了乐趣。实验的成功案例占绝大多数，只有少数几名学生表示未能完全适应新的学习方法。这一实验简单易行，效果却显著，对于提高学生的学习积极性和兴趣有着不可忽视的作用。

（三）激发并维持学习兴趣

高中生正处于人生的重要阶段，他们不仅要应对繁重的学业压力，还要探索自己的兴趣、优势和未来发展方向。激发和维持学习兴趣既需要自身的努力也需要外部的支持，通过深入了解自我、采用多样化学习方式、设定明确的学习目标、开展合作学习、面对挑战时保持积极态度，以及将兴趣与学业相结合等方法，学生可以有效激发自己的学习兴趣并持续保持热情。这将有助于他们在学业上取得更好的成绩，并为未来的学习和生活奠定坚实的基础。

1.深入了解自我，明确个人兴趣

（1）自我探索与尝试：鼓励学生参与各种社团、兴趣小组和实习项目，以发现自己真正感兴趣的领域。这些经历不仅可以帮助学生了解自己的喜好，还能培养他们的团队合作和解决问题能力。

（2）记录与反思：建议学生定期记录自己的学习经历、感受和成就。通过反思，他们可以更清晰地认识自己的学习兴趣和擅长的领域，从而更有针对性地进行学习。

2.采用多样化学习方式，适应不同学习风格

（1）识别个人学习风格：通过自我评估和测试，学生可以了解自己的学习风格，如视觉型、听觉型或动手型。这样，他们就可以选择最适合自己的学习方式，从而提高学习效率。

（2）利用现代化工具：现代科技为学生提供了丰富的学习资源。学生可以借助学习App、在线课程、互动软件等工具，根据自己的学习风格选择适合的学习材料，实现个性化学习。

3.设定明确的学习目标，培养学习动力

（1）SMART目标设定：指导学生学会设定具体、可衡量、可达成、相关且有明确时间限制的学习目标。这样的目标不仅有助于学生保持学习动力，还能帮助学生逐步实现自己的学习计划。

（2）奖励机制：建议学生为自己设定奖励机制。每当达到一个小目标时，给予自己一些奖励，如看一部电影、与朋友出去玩等。这种正向激励可以增强学生的学习动力。

4.合作学习，共同进步

（1）小组学习与讨论：鼓励学生参与小组讨论和合作学习活动。通过与同学们分享学习心得、解答疑惑，学生可以相互启发，共同进步。

（2）互助学习：组建学习小组，鼓励成员之间互相帮助和支持。这种互助学习模式不仅可以提高学习效率，还能培养学生的团队协作和沟通能力。

5.面对挑战，保持积极的学习态度

（1）调整心态：遇到学习困难时，鼓励学生保持积极的心态，相信自己有能力克服困难，并主动寻求解决问题的方法。

（2）寻求帮助：当遇到无法解决的问题时，不要害怕向老师、同学或家长寻求帮助。与他人共同解决问题不仅可以提高学生的问题解决能力，还能增强学生的学习信心。

6.将兴趣与学业相结合

（1）关联学习与兴趣：尝试将感兴趣的领域与学业相结合。例如，在学习历史时，可以关注与兴趣相关的历史人物或事件；在学习数学时，可以探索数学在现实生活中的应用。

（2）创新实践：鼓励学生将学到的知识应用到实际生活中。通过设计项目、进行实验或参与竞赛等方式，将理论知识与实践相结合，增强学习的实用性和趣味性。

参考文献：

[1]陈桂川.兴趣与职业生涯的关系[J].中国科教创新导刊，

2007(10):91.

[2]廖胜根.如何培养学习兴趣[M].成都:成都地图出版社,2013.

[3]严骏.借鉴SMART原则,助推初三历史优效复习[M].中学课程辅导(教师教育),2014(10):49.

好书推荐:《学习的艺术》,中国青年出版社2008年版。

影片推荐:《美丽心灵》《听见天堂》。

情绪管理

聆听心声，拥抱自我
——情绪的觉察与探索

中国有句老话叫作“人而无情，何以谓之人”。人有喜怒哀乐惧的情绪，这是很自然的事情。但当生活中遇到负面情绪时，我们的第一想法是消除它，或者用短暂的快乐战胜它。其实，一切问题的根源在于我们拒绝接受真相。为了拒绝接受真相，我们刻意朝着相反的方向努力，当我们这样做时，我们就会陷入“反相”的泥潭中。譬如，你感到愤怒时，你可能觉得愤怒不好，于是你表现得更有善意，但愤怒如果积压太久，总有一天会爆发。也就是说，逃离情绪并不能帮助我们，如果你把情绪当作朋友，尝试去理解它要告诉我们什么，你才能更有智慧地去处理它。愤怒、忧郁、难过、哀伤、焦虑，这些情绪大家都经历过，它们想告诉我们什么？如何转化这些情绪？这就需要我们仔细挖掘内心的自己，识别情绪背后的真相，获得心灵的自由。

一、心理导航

爱地巴跑圈

在古老的西藏，有一个叫爱地巴的人，每次与人发生争执生气的时候，他就以很快的速度跑回家去，绕着自己的房子和田地跑3圈，然后坐在田地边喘气。爱地巴工作非常努力，他的房子越来越大，田地也越来越广，但不管房子与田地有多大，只要与人争论生气，他还是会绕着房子和田地跑3圈。

爱地巴为何每次生气都绕着房子和田地跑3圈呢？所有认识他的人，心里都很疑惑，但是不管怎么问他，爱地巴都不愿意说明。

直到有一天，爱地巴很老了，他的房子和田地已经很大了，他生气了，拄着拐杖艰难地绕着房子和田地走，等他好不容易走完3圈，太阳都下山了，爱地巴独自坐在田边喘气。他的孙子在身边恳求他："阿公，您年纪已大，这附近地区也没有人的房子和田地比您的更大，您不能再像从前一样，一生气就绕着房子和田地跑啊！您可不可以告诉我，为什么您一生气就要绕着房子和田地跑3圈呢？"

爱地巴禁不起孙子恳求，终于说出隐藏在心中多年的秘密。他说："年轻时，我若和人吵架、争论、生气，就绕着房地跑3圈，边跑边想，我的房子这么小，田地这么小，我哪有时间，哪有资格去跟别人生气，一想到这里，气就消了，于是就把所有时间用来努力工作。"孙子又问："阿公，您年纪大了，又变成富有的人，为什么还要绕着房地跑呢？"爱地巴笑着说："我现在还是会生气，生气时绕着房地跑3圈，边跑边想，我的房子这么大，田地这么多，我又何必跟人计较？一想到这，气就消了。"

思考和讨论：

1.爱地巴是如何管理自己的情绪的？

2.根据他的做法，你觉得影响我们情绪变化的因素是什么？

秀才赶考

从前，有个秀才进京赶考，在客栈住下便埋头苦读。连日来风餐露宿、车马劳顿，他看着书就迷迷糊糊地睡着了，并做了一个梦，梦见自己在墙头上种菜。秀才心中疑惑："这是什么情况？梦与现实有什么联系？"但转念想，许是近日旅途劳顿和读书疲劳所致，出去散散心吧！

出了客栈，溜达了几条街，看到街口胡同旮旯坐着一位算命先生，秀才想："何不让先生给破解一下刚才的梦？"

算命先生打量一下秀才，说："进京赶考的？"

"正是！"秀才把做的梦复述了一遍，说："不知是凶是吉！"

算命先生说："这墙上种菜不是白种吗？瞎耽误工夫！"

秀才一听泄了气，本来家中生活拮据，进京千里之遥，车马盘缠、住客栈又花了不少，这可如何是好？再住下去，别考不上，连回家的盘缠也花完了。踌躇片刻，一狠心，秀才决定回家。

秀才回客栈收好行李，正待出门，被客栈老板拦下了，问明根由，客栈老板不禁放声大笑，道："你这位客官好生滑稽。墙上种菜，这不就是'高中'了嘛！"

秀才一听，恍然大悟，说："是啊！"

于是放下行李，继续熬夜苦读……

结果，秀才科考中了探花。

思考和讨论：

1.秀才为什么最终会留下来参加考试？

2.这个故事给了你什么启示？

3.生活中，我们的情绪都是因什么而起的？

每一种情绪都有它的积极意义，它们只是一个信号，就像焦虑在提醒我们需要做出调整，而悲伤可以成为帮助我们完成某件事情的力量，愤怒帮助你认清自己的底线等。如果我们能够倾听情绪背后的声音，然后富有智慧地去解决它，这些情绪反而能让我们的心灵变得更加强大。正如心理学家胡慎之所说，很多时候，仅仅知道自己的情绪和为什么会有这种情绪，就足以让我们获得解脱。

二、心理之谜

情绪ABC理论是由美国心理学家阿尔伯特·埃利斯创建的。A（Antivating Event）指诱发性事件，B（Belief）指对诱发性事件所持的信念，C（Consequence）指诱发性事件所引发的情绪结果。通常人们会认为，人的情绪及行为反应是直接由诱发性事件A引起的，即A引起了C。ABC理论则指出，诱发性事件A只是引起情绪及行为反应的间接原因，而人们对诱发性事件所持的信念，也就是对事件的认知和解释B才是引起人的情绪及行为反应的直接原因。同一情境之下，不同的人的信念以及对事件的认知与解释不同，所得到的结果也就会不同。因此，事情发生的一切根源都在于我们对事情的信念、认知与解释。

例如：两个人一起在路上走着，迎面碰到他们的同学，但对方没有与他们打招呼，径直走过去了。其中一个人对此是这样想的："他可能正在想别的事情，没有注意到我们。即使是看到我们而没理睬，也可能是有什么特殊的原因。"而另一个人却可能有不同的想法："他是不是对我有什么看法，故意不理我?"

以上两种不同的想法就会导致两种不同的情绪和行为反应。前者可能觉得无所谓，自己该干什么仍继续干；而后者可能会忧心忡忡，以至无法冷静下来处理好自己的工作。从这个简单的例子中可以看出，人的情绪及行为反应与人们对事物的想法、看法有直接关系。这两个人的信念不同，前者的信念在合理情绪疗法中称为合理的信念，而后者的信念则称为不合理的信念。合理的信念会引起人们对事物适当、适度的情绪和行为反应；而不合理的信念则相反，往往会导致不适当的情绪和行为反应。

不合理的信念就是个体内心中不现实、不合逻辑、没有根据的信念，即那些绝对化的、过分概括化的、极端化的思想认识。它有如下特征。

（1）绝对化要求。这是指人们以自己的意愿为出发点，对某一事物持有"其必定会发生"或"不会发生"的信念，它通常与"必须""应该"这类字眼联系在一起。

（2）过分概括化。这是一种以偏概全、以一概十的不合理思维方式。艾利斯曾说过，过分概括化是不合逻辑的，就好像以一本书的封面来判定其内容的好坏一样。过分概括化的一个方面是人们对自身的不合理的评价。

（3）糟糕至极。这是一种认为如果一件不好的事发生了，将是非常可怕、非常糟糕，甚至是一场灾难的想法。这种思维方式将导致个体陷入极端不良的情绪体验，如耻辱、自责、焦虑、悲观、抑郁，并形成恶性循环，而难以自拔。

三、心理探索

（一）心理探索营之一

“我”与消极情绪

活动目的：帮助学生发现和理解消极情绪。对于消极情绪，我们越是躲避它，不理它，它对我们越是紧追不舍；我们越是推开它，它的力量反而变得越大，对我们的影响也会更持久。

活动步骤：

（1）一个同学为A，扮演“人”，另一个同学为B，扮演“人”的某种消极情绪。

（2）A、B同学分别查看自己的任务纸条。

A同学的纸条内容：对面同学扮演你的消极情绪，你的任务是甩开它、逃避它、不理他，想办法让它离开。

B同学的纸条内容：扮演对方的消极情绪，你的任务是想方设法缠住对方，让对方看见你、关注你、接纳你。

（3）学生活动：请两位学生用语言或动作进行角色扮演。

（4）思考问题：

①当消极情绪出现在你身边，对你紧追不舍时，你的想法和感受是什么？

②假设自己为“消极情绪”，当“人”一直不看你，躲避你，甚至试图消灭你时，你的感受是什么？

（二）心理探索营之二

情绪千千结

活动目的：让学生了解如何觉察和探索情绪背后的感受、想法和需要。

活动步骤：

（1）教师呈现案例内容：大家好，我是小维。从小学到初中，我一直是班级里的班干，学习成绩也名列前茅，那时的我生活得很开心。进入高中后，我毛遂自荐担任了我们班的临时班长，工作上任劳任怨。没想到在班委选举中，我竟然落选了，我特别伤心。更糟糕的是，这次的月考成绩也很不理想，我突然感到很恐慌。本来阳光自信的我，渐渐变得沉默了。我开始更加努力地学习，每天晚上学习到一点才休息，坚持了一段时间后，我的成绩并没有什么起色。我想自己是不是变笨了，心里常常感到焦躁不已，无法安心学习。有一次学习时书都拿反了，妈妈看到后批评我，我觉得既委屈又很生气。我到底该怎么办？

（2）小组讨论：各组学生假设自己是小维头脑中的某种情绪，在独白中寻找小维何时流露出此种情绪并探索此种情绪背后的想法和需要。

（3）请你以第一人称的方式用语言和动作将其表示出来。

（4）情景剧场：请各组“情绪代表”及“小维”上台，“小维”将其内心独白娓娓道来，当流露出哪种情绪，对应的“情绪代表”就将手搭在他的肩膀上，以第一人称的方式用语言和动作将“小维”的感受、想法和内在需要表演出来。

（5）其他同学作为观察员，仔细聆听各“情绪代表”所表达的感受、想法及内在需要。

（三）心理探索营之三

自我对话

活动目的：帮助学生发现想法和情绪之间的关系。

活动步骤：

（1）指导语：人们常常在不经意间思考某些事情，甚至在自己还没有意识到的时候，内心的想法已经引发了身体或内心感受。

（2）请学生发挥想象，即将开始一个重要的测验，而你们并没有准备，你们安静地坐着，等待着测验开始。

（3）学生闭上眼睛等待一分钟左右，在这段时间里，你们需要集中所有注意力关注自己头脑中的想法。

（4）一分钟以后，请愿意分享的学生谈论自己捕捉到的想法，并觉察当这些想法出现时，自己身体或内心的感受。

四、心理拓展

（一）识别你的思维陷阱

人们出现的消极情绪常常是因为陷入了以下十种思维陷阱：

（1）非此即彼，以极端的方式看待事物。他们认为事情的发生只有一种结果，不可能存在其他可能性，即对人或事的评价只有绝对的正确或错误。

（2）以偏概全，将个别消极事件，诸如考试不理想、同学不理你等，看作一种永久性的失败。一提到这件事，他们就用上了“总是”“从不”这样的绝对化语言。

（3）心理过滤，当遇到消极事件时，会不自觉地挑出事件中的某个细节，并把它无限放大，于是使整个现实都变得黑暗，就好比一滴墨水弄脏了一池清水一样。

（4）妄下结论，在缺乏事实依据的情况下，对事态的结果作出消极的判断。例如，无端猜测他人的看法或对未来结果作出悲观预言。

（5）过分承担，每当出现问题时，往往把责任归咎于自己，并认为是自己的错。

（6）贬损自己，不断对自己进行负面评价，以至于意志消沉。比如“我真的很差劲”“我不行”“我学不会”“我做不好”等。

（7）怨天尤人，忽视或推卸自己的责任，将问题归咎于他人或埋怨上天，总是将自己当作受害者去看待问题。

（8）灾难化，夸大事情的严重程度，以至带来灾难性的后果。比如，“要是这次考试再考不好，我就完了，老师再也不会看重我了！”

（9）贴标签，贴标签是非此即彼思想的一种极端形式。比如，你犯了一个错误，你不会客观地评价自己而是直接给自己贴上一个“我是个没用的人”或“一个傻瓜”“一个失败者”的标签。

（10）感情用事，以情绪主导判断，情绪低落或激动的时候忽略客观事实。因此，这种时候尽量不要做决策，以免后悔。

（二）重建合理信念的范式

生活中常见的不合理信念以及如何与它们进行辩驳从而建立合理信念的方法如下。

（1）不合理信念：一个人应被周围的人喜欢和称赞，尤其是生活中他认为重要的人。

辩驳：这是不可能实现的。人的一生中，不可能得到所有人的认同，即便是家人、亲密朋友等对自己很重要的人，也不可能永远对自己持一种绝对喜爱和赞许的态度。更何况人不是为了他人的喜欢和称赞而活，人活着是为了自己。持有这样不合理信念的人，就很可能委曲求全来取悦他人，以获得他人的赞同和欣赏，但结果必定会使自己感到失望和沮丧，从而很难再建立自信。

合理信念：一个人只要不被周围所有的人否定和排斥，就可以认为自己是受欢迎的。

（2）不合理信念：一个人必须能力十足，各方面都有成就，这样的人生才是有价值的。

辩驳：这是不切实际的目标。“金无足赤，人无完人。”世界上根本就不存在一个十全十美的、永远成功的人。一个人可能在某些事上较他人有优势，但在另外一些事上，却可能不如他人。虽然他以前有许多成功的事例，但他无法保证在每一件事上都能取得成功。持有这样信念的人，不得不为永远无法实现的目标而徒自悲伤。

合理信念：人的精力是有限的，能在某些方面取得成就，人生就是有价值的。

（3）不合理信念：当事情不如意的时候，是很可怕，也是很悲惨的。

辩驳："人生不如意事十之八九。"一个人不可能永远成功，生活和事业上的挫折可以说是家常便饭，关键在于你如何对待它。如果一遭受挫折就感到十分可怕，那么只会导致情绪困扰，使事情更加恶化。如果遭受挫折会仔细分析并寻求解决的办法，那么挫折将会是一笔无形的人生财富。

合理信念：受挫是很正常的事情，没有什么可怕的。不喜欢某事可以试着去改变它；如果无能为力那就试着接受它。

（4）不合理信念：不幸福、不快乐是外在因素所造成的，个人无法控制。

辩驳：外在因素对个人幸福有一定的影响，但并非决定性因素。情绪是人的主观体验，由个人对外在事件的知觉、感受和评价引起。不正确的、歪曲的评价会引起消极的情绪；正确的、合理的评价会引起积极快乐的情绪。我们改变不了已经发生的事件，但是我们可以改变对待事件的态度。

合理信念：决定人的主观幸福感的不是外在因素而是对事件的评价，通过改变悲观的评价态度，人是可以控制自己的快乐和幸福的。

（5）不合理信念：我们必须时刻忧虑危险和可怕的事情，并警惕它们再次发生。

辩驳：对待危险和可怕的事情有一定的心理准备是正确的，但过分的忧虑则是非理性的。因为过分忧虑只会夸大危险发生的可能性，使人不能对其进行客观评价、正确面对并有效地处理解决。杞人忧天只会使生活变得沉重而缺乏生气，导致整日忧心忡忡，焦虑不已。与其担忧不如置之不顾，将精力花在当前需要解决的事情上。

合理信念：对危险和可怕的事情要有一定的心理准备，但是不可过分忧虑。

（三）情绪管理12秒

心理学家罗纳德博士曾指出："暴风雨般的愤怒，持续时间往往不超过12秒，爆发时可以摧毁一切，但过后却风平浪静，如果控制好这12秒，就能排解负面情绪。"真正的智者都是先处理心情，再处理事情；先分析心态，再分析事态。

在一个数百米深的矿坑中，有几个矿工正在作业。突然矿灯出现故障熄灭了，矿工们非常害怕，手忙脚乱地到处寻找出路，一番摸黑寻找却毫无结果。

这时，有个矿工说："与其这样盲目乱找，不如静坐在这边，看能否感觉到风的流动，因为风一定是从坑口吹来的。"

于是矿工们都坐下来，努力感受风的流动。

刚开始，大家没有任何感觉。但过了一会，他们的感官变得敏锐，逐渐感受到脸上有一丝微弱的风吹过。

终于，他们顺着风的方向，找到了出口。

曾国藩曾说："凡遇事须安详和缓以处之，若一慌忙，便恐有错。"人在情绪失常的情况下，理智和智商往往会下降，就容易犯错，找不到出路。想发火时，别急着说话，冷静12秒，或者，暂时先离开让你生气的环境；遇事不顺，不要轻易做决定，给自己两天缓和的时间，调整好情绪，再去解决问题。

生活就像一场拳击比赛，越是心浮气躁，越容易自乱阵脚，失去理智。遇事先放在一边，给情绪一点"降温"的时间，才能理性处理问题，更好地掌握自己的人生。

参考文献：

[1]莱沃茨．中小学生情商培养活动实例[M]．侯英妮，译．北京：中国轻工业出版社，2009.

[2]彭聃龄，陈宝国．普通心理学[M]．3版．北京：北京师范大

学出版社,2023.

[3]武志红. 心灵的七种兵器[M]. 北京:世界图书出版公司北京公司,2008.

好书推荐:《情绪的81张面孔》,上海三联书店2023年版。

影片推荐:《头脑特工队》。

给身心来一场SPA

如何像对待自己最爱的人和最好的朋友那样对待自己，给予自己持续的支持和陪伴，赋予自己智慧和力量呢？心理学家克里斯汀·内夫和哈佛大学临床心理学家克里斯托弗·肯·吉莫提出的“自我关怀”概念给了我们答案。在《自我关怀的力量》这本书中，作者就曾提到，做到这一点并不容易。据研究，世界上约78%的人都是对待他人比对待自己好，只有约2%的人对待自己更好，而约20%的人则持平。不妨回想一下，我们貌似都有这样一种经历：当你最好的朋友或所爱之人遭遇困难或挫折，陷入不安的情绪困扰之中时，你总是能理解、安慰鼓励和支持他们，而当自己遭遇同样的境遇时，就会批评、打击、苛责自己。其实，在这个世界上，绝大多数时候，对我们最严厉、最严苛、最残酷、不肯放过我们的人，不是别人，而是自己。自我关怀，就像对待自己最好的朋友那样对待自己，心怀善意，给自己需要的陪伴、理解和支持。在教育环境竞争激烈的大背景下，学生们忙于提高各科学习成绩，大家都变得越来越会学习，越来越懂得利用时间，越来越重视效率，越来越懂得量化产出评价体系下所需要考核的各项指标，但同时，大家似乎也感受到身心越来越疲惫，内心越来越急躁，有时甚至并不想学习，也越来越难体会到除学习之外生活的快乐和幸福之处。我们需要被关怀和照顾，尤其是自我帮助和关怀。如果说爱自己是终身浪漫的开始，那么自我关怀一定是爱自己的开始。让我们一起开启一段自我关怀的旅程吧！

一、心理导航

今天，我把牢笼脱下

杜涣卿

妈妈我昨天，把牢笼穿在身上

四个夹子夹住我衬衣的下摆
两个皮筋箍住我两手的手腕
一个发箍挟持我蓬乱的头发
两个耳环咬着我的两只耳垂
还有一条项链拴住我的脖颈

就像你做的那样，妈妈

妈妈
你驾龄二十一年
车的岁数比我还大
可你从未自驾游过
你带我们走出去，自己困在东西南北里

妈妈
印象中你不曾牵我的手
长大后我才看清你手上名为羞耻的镣铐
你的妈妈也不曾牵你的手吗，妈妈

妈妈

我们都没有留过长发
因为我们的妈妈都不会扎
妈妈，妈妈，你听到我，却听不懂我
妈妈，妈妈，你要求我，却不需要我

妈妈昨天我像你
把牢笼穿在身上
今天我想要脱下
长成自己的模样

这是一位青年女儿写给妈妈，也是写给自己的一首小诗。我们常说，“要爱自己”，却有时忽略爱自己是一种能力，而人不是天生就会爱自己的。如果我们已经会爱自己，那么我们大概率拥有一个爱我们，也爱自己的爸爸妈妈，让我们得以在爱的环境中长大，这是一件幸运的事。可更多的时候，爸爸妈妈，爷爷奶奶，他们也不会爱自己，虽然他们很爱我们，有时却难以表达出我们真正想要的爱。我们想要的爱是什么？又该如何去爱自己呢？

思考与讨论：

1. 你有身材焦虑吗？你是否接受身材不完美的自己？

2. 当遇到挫败的时候，无论是改变身材失败、考试失利还是做错一件事，你是如何看待自己的？

3. 如果这件事发生在你最好的朋友身上，你会如何对待他？

自我关怀是每个人一生的课题。我们总是期待别人能够给我们理解、包容、安慰、支持、信心或希望，如果没有得到，就会陷入痛苦的处境。大多数人不知道，其实我们内心一直住着一个可以随时关怀我们、深刻理解我们并且永远陪伴我们、为我们好的人，像妈妈、像朋友、也像智者，当你找到了他，就能从“求而不得”转换为“自给自足”。自我关怀是指向自己的一种爱，但也是由内而外的，当我们学会爱自己时，这份爱自然会辐射出去，温暖到我们身边的人。

二、心理之谜

自我评判和自我关怀是两种截然不同的态度。当我们照了照镜子，却并不喜欢镜中的自己，于是羞愧感开始萌生。当我们最终承认自己的瑕疵和缺点时，大多数人都会为难自己说出“我还不够好，我简直一无是处”这样的话。这种自我苛责的评判，增强了我们的低自尊感，让我们变得畏难，无力前进，随之带给我们的是不安全感、焦虑甚至抑郁。究其原因，这种情绪源于自我评判，在学习和生活的道路上，一旦我们未占上风，就不停地苛责自己。与之相对的则是自我关怀。停止评判和评价自己，不再给自己贴上“好”或“坏”的标签，以开放的心态接纳自己，就像对待朋友甚至陌生人一样。只有学会了关心自己，才能真正地关心他人。如果继续评判和批评自己，却努力善待他人，就会形成隔阂，而这恰恰与人类渴望建立联系的本性背道而驰。关怀自我，和关怀他人一样重要，甚至，你更应该先学会关怀自我。

自我关怀包含三个核心要素：善待自己，共通人性，静观当下。善待自己，也就是说要以友爱的方式理解我们自己，而不是严厉地批评和指责自己，同时也包含了积极主动地安慰自己，就像对待陷入窘迫的好友一样，只有对自己传递出了温暖、友爱和关怀之举，真正的治愈才可能发生。共通人性则是指要感受到与他人之间在生命体验上的契合，是一种触及内心的共情，而不是被自己的痛苦所孤立和隔离，我们常常被教导要站在他人的角度看待问题，同样的道理，如果我们能从自身的视角中抽离出来，去发现原来自己也和他人一样，我们就有可能像善待他人一样善待自己。静观当下，即对我们的各种感觉和体验持以平衡的觉察，而不是忽视或者夸大我们的感受和痛苦。真正的自我关怀即是对以上三个要素的融合。

临床心理咨询中广泛应用的认知行为疗法（CBT）为自我关怀提供了理论启示。认知行为疗法认为，一个人的行为是受到具体事件、事件发生后的感受和关于事件的认知三者影响的，换句话说“认知、情感、行为”任一层面的改变，都可能会引起行为、情绪以及想法的改变。据此，我们可以将对自我的关怀大致分为以下三类。（分类标准尊重个体差异，并非绝对参考）

一级关怀（身体放松）：一些很简单的，能够让自己身体各部位感觉放松的方式，包括一些基本的运动和肌肉放松的方式，是较为简单且操作性强的一种自我关怀方式，它们会在日常生活中为你提供能量。如，洗热水澡，与自己或他人拥抱，做自己喜欢的运动，晒太阳，淋雨，欣赏花草，走进大自然，花3分钟时间做一次冥想等。

二极关怀（情绪流淌）：学习和生活中我们总会产生各种各样的情绪，或是积极的，或是消极的，但其实每一种情绪都有其存在的理由，引导我们认识更深的自己。所以情绪不需要压抑，我们需要找到适合自己的情绪出口，让它流动起来，让自己的生命更有活力。如为自己安排独处时光，组织和朋友、家人聚会，找朋友、老师深入聊天，做更长时间的冥想，写日记等。

三级关怀（积极成长）：我们大部分的痛苦都来源于自己认知的局限，以及能力的匮乏。我们需要接纳自己的不足，但接纳不意味着纵容，我们依旧可以在那些我们可以做出改变的地方，让自己变得更好。这种充实的成长可以让我们感受到更多的愉悦并且提高自己的自爱能力，我们也会越来越欣赏自己，对自我的接受度会更高。如发展新的爱好和能力，参加一些志愿、公益项目等。

人无完人，终其一生，我们都在学习如何更好地爱自己，那就请从做好自我关怀开始吧。

三、心理探索

（一）心理探索营之一

指导语：从小到大，我们总免不了来自权威的批评，如来自父母、老师的批评，因为很多人都坚信，“批评使人进步”，面对“教育内卷”的挫折，我们已经承受了很大的压力，但如果内心还住着一个严厉的批评家，不断进行自我的严厉批评，再加上内心的完美主义，无疑会加重内心的负担。你们的“内心批评家”是什么样的？

操作步骤：

（1）画出“内心批评家”的肖像，突出一些特征，如表情、姿势等。

（2）给他取一个名字。

（3）写出他的口头禅。

（4）列出他常出现的时间和场所。

（5）小组内互相分享，介绍各自的“内心批评家”，分享他出现时自己的感受。

（6）用一句自我关怀的话代替“内心批评家”的口头禅，实现自我关怀的转变，如“我很喜欢努力的自己”。

（二）心理探索营之二

指导语：自我关怀，就像爱自己一样，它是需要我们付诸行动的。在学习和生活中，做哪些事情能够让你产生激情、快乐、充实、宁静、放松、温暖、自在等美好的情绪体验？

操作步骤：

（1）每位同学拿出学案纸，制作属于自己的“自我关怀清单”（见表4-1）。

（2）一级关怀（身体放松）：列出能让身体感觉放松的活动，如洗热水澡，拥抱他人，做自己喜欢的运动等。

（3）二级关怀（情绪流淌）：为自己安排独处时光，和朋友、家人聚会，找朋友、老师深入聊天等。

（4）三级关怀（积极成长）：买一本新书，学习一项新技能，参加运动课程学习，开始培养一项新爱好等。

（5）与小组成员分享彼此制作的“自我关怀清单”里的事项，交流彼此做这些事情时的感受。

总结：当自我需要关怀的时候，就请使用“自我关怀清单”（见表4-1），每次只做一件事，随着时间的延长也可以不断扩充清单上的条目。

表4-1 自我关怀清单

级别	自我关怀事项	使用情景	使用感受
一级关怀			
二级关怀			
三级关怀			

（三）心理探索营之三

正念冥想能帮助我们专注当下，集中注意力，同时还能放松我们的身心，是常用的减压赋能方法，与自我关怀的核心要素“静观当下”有异曲同工之妙。同时研究发现，正念冥想能显著缓解学生的考试焦虑，提高学生的心理弹性进而改善学生的心理健康状况。

活动目的：学会正念冥想的基本方法，并能够运用到生活中，为自己减压赋能。

活动一：正念呼吸法

找一个安静舒适的地方，坐下或躺下，闭上或半闭眼睛，放松身体，将注意力放在每一次呼吸上，感受气息通过鼻腔的感觉，为防止走神，可通过“数呼吸”维持注意力，持续10分钟左右。正念呼吸法简单易学，效果明显，每天练习几分钟，即可培养专注力、减少压力、缓解焦虑不安的情绪。

活动二：正念行走法

正念行走法也称“行禅”，是一种将注意力放在行走的每一个步伐上的方法，即不再关注去往哪里，而是每走一步都用心感受脚掌与地面的接触，感受腿部肌肉的紧绷与松弛。可以找一间空旷的教室、宽阔的马路或操场，持续10分钟左右。正念行走法，方便实用，在日常行走的过程中即可帮助身心放松和提升健康水平。

活动三：身体扫描法

寻找一个最舒服的姿势（躺着或坐着），闭上双眼，聆听轻音乐，跟随节奏缓慢的音乐将注意力从头到脚对全身进行“扫描”，体会身体每个部位的感受，使身体获得安宁，持续10分钟或更长时间。

四、心理拓展

（一）自我关怀的益处

1. 自我关怀有助于缓解消极情绪

研究表明，具有自我关怀能力的人，患焦虑症和抑郁症的概率更小。这意味着自我关怀是抵御焦虑和抑郁的主要因素。焦虑和抑郁往往伴随着自我批评和不满足感，而这些负面情绪往往能够通过自我关怀得到一定程度的缓解。

2. 自我关怀是情绪智力的表现形式

自我关怀是情绪智力的一种重要表现形式。情绪智力包括监控自己情绪的能力以及巧妙运用情绪来指导思维和行动的能力。换言之，能够觉察和表达自己的情绪，通过意志调节情绪，就是一种高情商的表现。研究表明，自我关怀水平较高的个体，也会有着较高的情绪智力。

3. 自我关怀能提高我们的自我价值感

自我关怀水平较高的人，往往能接纳自己的不足，同时他们也积极地通过自己的努力去发展自己，他们拥有自己内在的评价体系，较少受外界评价标准的影响，自我价值感稳定，并常表现出自信。

4. 自我关怀有一定的治疗功能

研究发现，自我关怀能够减轻焦虑、抑郁症状的发作频率，学会自我关怀，即是学会自我支持，自我疗愈。自我关怀具有改变个人生活的强大力量。

（二）自我关怀的练习——通过写信探索自我关怀

第一，每个人总有对自己感觉不满意的地方，这些不满意的地方会让我们感觉到羞愧或缺乏安全感。是什么让我们对自我的感觉变得消极？这些不满意的地方是如何让我们感觉到害怕、悲伤、沮丧，缺乏安全感的？当你想到自己不满意的地方的时候，会有怎样的情绪？试着尽量诚实地对待这些情绪，既不要压抑它们，也不要夸大它们，而是去感受你真实的情绪。

第二，构思一个虚拟的朋友，他会无条件地接受、包容和关爱你。想象这个朋友能够接纳你所有的优点和不足，仔细思考这个朋友会如何对待你，怎样接受和关爱真实的你，包括你所有的不完美。你的不足与很多因素有关，而这些因素你没有选择的余地，你的基因、家庭背景、生活环境，这些都不受你的控制。从这个虚拟朋友的视角，给自己写一封信，关注你认为不足的地方。从一个朋友的角度，他会对你的不完美做出什么反应？会说些什么话？他会在信上写下什么内容？如果你认为这个朋友会给你提出一些建议，认为你应该做出一些改变，那么这些建议如何体现出无条件的理解和关怀？试着让这封信充满接纳、友善、关怀，以及对你个人健康和快乐的渴望。写完这封信后，把它放到一个地方，过一段时间，再拿出来读一遍，真正理解信的含义，体会这位虚拟朋友的关怀。

参考文献:

[1]单丽艳,张丽华,康贝贝. 认知行为疗法的研究进展[J]. 黑龙江医药科学,2011(5):41-42.

[2]克里斯廷·内夫. 自我关怀的力量[M]. 刘聪慧,译. 北京:中信出版社,2017.

[3]邵素青,陶爱萍,陈珍珍. 正念冥想训练联合音乐疗法对护生考试压力、焦虑和学习成绩的影响[J]. 中国高等医学教育,2022(10):36-37.

[4]陈界衡,唐伟杰,唐德剑,等. 自我关怀心理干预对身心健康的改善作用及方法进展[J]. 重庆医学,2023(12):1887-1892.

好书推荐:《我与地坛》,人民文学出版社2011年版;《自我关怀的力量》,中信出版社2017年版。

电影推荐:《你想活出怎样的人生》。

情绪X档案

情绪颗粒度是指一个人构建细致的情绪体验和识别并区分具体感受的能力。这个概念最早是由著名心理学家费德曼·巴瑞特教授提出来的。

高情绪颗粒度的人能够用具体的情绪词来描述自己所经历的情绪体验，比如表达“吃惊”的感觉可以是“惊讶”“惊喜”“惊慌”“惊险”“惊异”“惊吓”“惊骇”“惊疑”“大吃一惊”“惊心动魄”“目瞪口呆”“大惊小怪”等。而低情绪颗粒度的人可能只会用“惊讶”来描述自己所经历的情绪体验。低情绪颗粒度的人往往对情绪的感受不够丰富、灵敏，不能准确地描述自己经历了什么，也没有办法用具体的词来表达这种感受，只能进行简单的描述，如“开心”或者“无聊”等。

情绪颗粒度对每个人的身心健康都很重要，不同的情绪颗粒度水平决定了你调节情绪的能力。

一、心理导航

流一滴眼泪的8000种理由

你在每天上学和放学的路上都会经过一家服装店，店里的橱窗里展示着一件衣服，你好喜欢这件衣服，你每天上学和放学的路上都会在这个橱窗外停留片刻。终于有一天，你毅然决然带上自己所有的零花钱跑去这个店，结果这件衣服已经被卖掉了，你没有买到……

这时候的你感到很难过，这种难过是哪一种难过呢？

思考并讨论：

1.当你发现你想买的衣服被卖掉后，你体验到的“难过”情绪是怎样的呢？请尽可能具体地描述这种感受。

2.这些“难过”的情绪是因何而起的呢？

3.你会尝试用什么方法调整好你的情绪呢？

低情绪颗粒度的人，可能只是感到很难过，然后假装豁达地想：“不就是一件衣服吗，买不到也没关系！”但是在接下来的一段日子里，只要想起这件衣服，他就又会被失落的情绪所困扰。低情绪颗粒度的人，不仅对情绪的感受能力不强，对情绪细化的能力也比较弱。

德国人约翰·凯尼格创作了一本《悲伤词典》，这本词典中有8000种形容不同种类悲伤的词，也就是说，当你流下一滴泪，在凯尼格眼中可能有8000种不同的理由。

但是，有的人却可能很难说出10个以上形容悲伤的词。

这种情绪颗粒度之间的差异，是什么原因造成的呢？

二、心理之谜

（一）情绪颗粒度

情绪颗粒度是情商的核心要素之一。如果你的大脑能够自动建构许多不同的情绪并细致地区分它们，那么它就更能依据情况调整你的情绪，你也可以在瞬间预测和感知他人的情绪。你的认知中存储的情绪种类越多，大脑就越能从他人的行为中自动识别情绪。因此，高情绪颗粒度的人比较不容易被情绪左右，更能保持情绪的稳定。此外，提高情绪颗粒度还能相应地提升人们处理负面情绪的能力。

情绪颗粒度包含两个部分：情绪的感受和表述。高情绪颗粒度的人对情绪的觉察更加入微、更加精细，对情绪的体验也更丰富，同时对情绪的表达也更加精准。相反，低情绪颗粒度的人，对情绪的感受较为肤浅，对自己的感受不够敏感，很难觉察自己的情绪来源，并且在选择问题解决策略时犹豫不决。

（二）PAD情感模型

PAD情感模型是由Mehrabian和Russell于1974年提出的维度观测量模型，该模型认为情感具有愉悦度、激活度和优势度三个维度，其中：

“P”代表愉悦度，表示主体情感状态的正负性，即情感的积极或消极程度，喜欢或不喜欢程度，这个维度体现了情感的本质；

“A”代表激活度，表示主体的神经生理激活水平和警觉性，与情感状态相关的机体能量的激活程度有关；

“D”代表优势度，表示主体对情境和他人的控制状态，主要指个体对情感状态的主观控制程度，用以区分情感状态是由个体主观引发的还是由客观环境影响产生的。

三、心理探索

（一）心理探索营之一

绘制情绪图谱

指导语：请在下面的情绪词汇中随机选择一个情绪词，将它写在中间的圆圈里，然后尽可能多地想出与这个词表达的情绪感受类似的其他词并写在周围的小圆圈里。同时思考这些情绪词可能出现在哪些情境中。

充满力量	平静	安心	雀跃
委屈	着急	骄傲	嫉妒
动容	浪漫	心疼	困惑
想念	疏离	沮丧	不屑

受伤	落寞	失控感	吃惊
畏惧	不耐烦	无聊	内疚
迟疑	尴尬	想念	后悔
义愤填膺	忐忑不安	笃定	爱
舒畅	自在	害羞	无助
幸福	轻松	混乱	怨恨

例如，我们将“吃惊”这个词填入中间这个大圆圈里，在周围的小圆圈里写上与“吃惊”这种情绪类似的情绪词，如图4–1所示：

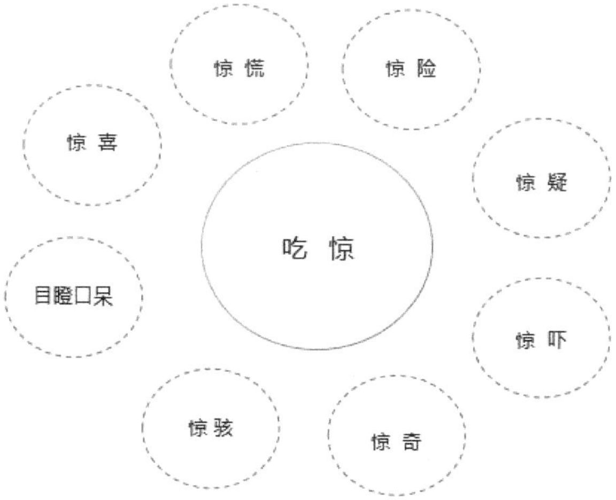

图4–1 “吃惊”情绪图谱

思考与讨论：

1.你所绘制的情绪图谱中的这些看起来相似的情绪词之间有着哪些不同呢？

2.它们可能会出现在哪些情境中？

我们扩展的情绪词越丰富，我们的情绪觉察能力就越细腻，这些看起来相似的情绪词似乎在表达情绪的强烈程度和愉悦感上有着不同，具体是怎样的不同呢？我们来进行一个情绪定位。

（二）心理探索营之二

情绪定位

我们以“吃惊”为例，这些看起来很相似的词却有着细微的不同：

吃惊：受惊，使人感到惊讶。

惊喜：使人感到又惊又喜。

惊慌：表示害怕、慌张。

惊险：危险，使人惊惧紧张。

惊疑：惊讶疑惑。

惊吓：因意外的刺激而害怕。

惊奇：惊讶，奇怪。

惊骇：惊慌，害怕。

目瞪口呆：形容受惊而愣住的样子。

从以上词语释义中我们发现，这些与“吃惊”相关的情绪词在表达情绪的强烈程度和愉悦度上有着不同，例如，“惊慌”表达的情绪强烈程度高于“吃惊”但低于“惊骇”，“惊吓”表达的情绪强烈程度高于“惊疑”“惊喜”带给人的是一种愉悦的情绪体验，而“惊吓”是一种不太美好的情绪体验……

我们可以根据唤醒度和愉悦度的水平不同来对情绪图谱中的情绪词进行定位。除了在唤醒度和愉悦度上的差异外，这些情绪词似乎还存在其他显著的不同。接下来请根据提示为你的情绪图谱中的情绪词制作“情绪档案卡”。

（三）心理探索营之三

制作“情绪档案卡”

（1）当前你的情绪的名称是什么？

（2）它可能出现在什么样的情境里？

（3）你会产生什么样的生理变化？

（4）你会通过哪些方式表达这种情绪？（语言和非语言的）

（5）这种情绪背后隐藏着怎样的渴望与诉求呢？

学生作品展示：

情绪名称：幸福
可能出现的情境：家人或者朋友全都聚在一起时、心想事成时
生理变化：脸蛋微红，心跳加快
语言表达：世界真美好，大家就该一起快乐！
非语言表达：手舞足蹈
渴望与诉求：希望能经常如此！
其他：……

思考与讨论：这种情绪是源于个体的内在主动性还是受到外界环境的影响？

设计意图：通过区分相似情绪的愉悦度和唤醒度来提高情绪的敏感度，进一步了解不同情绪的具体表现和背后的深层需求，开始关注情感的优势度，并学会更加细致地觉察和表达情绪。

（四）心理探索营之四

制作一份“情绪手账”

（1）寻找一件让你印象深刻的日常小事。

花点时间仔细地想一想，在你平常的一天中，有没有哪件事情让你印象深刻，即使过了很久回忆起来也记忆犹新。

（2）回味这件小事。

尝试着想象一下，当你再次回到那个情境下，尽可能细致地描述你所看到的、听到的、闻到的、感觉到的甚至是尝到的？

（3）制作一份“情绪手账”。

尝试着用颜色、图案或者文字来进行记录，也可以用“颜色+物体+其他”的方式描述自己当时的情绪，来制作一份“情绪手账”。

设计意图：通过制作手账在课后进一步强化对情绪的觉察、感受和表达能力，巩固课堂学习效果。

四、心理拓展

情绪颗粒度测试

想知道你的情绪颗粒度怎么样吗？Kang等于2004年编制了情绪经验广度与区分度量表，包含14题，用来测试一个人的情绪体验范围与对情绪的区分度。

情绪经验广度与区分度量表采用5点计分（1分表示完全不符合；2分表示比较不符合；3分表示不确定；4分表示比较符合；5分表示完全符合），其中第1、5、9、11题为反向计分，得分越高表明情绪复杂性越高。

题目：

（1）在日常生活中，我体会不到很多种不同的感觉。

（2）我能够意识到某一种既定情感中细致的差别或者微妙的不同。

（3）在我的一生中，我能够体会到许许多多不同的感觉。

（4）每一种情感对我来说都有着清楚而独特的意义。

（5）我经常体会到的情绪都很有限。

（6）我倾向于在相似的感觉之间做出清楚的区分。（比如：抑郁和忧伤，生气和恼火）

（7）我经历着丰富多样的情感。

（8）我意识到每一种情绪都有着完全不同的含义。

（9）在日常生活中，我不会体验到很多种感觉。

（10）如果用颜色来形容不同的情绪，我可以感知到每一种颜色（情绪）内部的细微差异。

（11）“感觉很好”或是“感觉很糟糕”——这样的表述足以描述我日常生活中的大多数感觉。

（12）在所有的我拥有的感觉中，我能够意识到它们之间的细微差异。

（13）我想要去经历广泛的、不同的感觉。

（14）对于那些密切相关的情绪词汇之间的细微差别，我非常善于分辨。

解释：

将所有题目的得分加在一起，然后除以14，得到的商就是你的量表分数。

研究显示，该量表的总体平均分是3.72分，如果高于平均分，说明你在总体人群中情绪颗粒度较高；如果低于平均分，说明你在总体人群中情绪颗粒度较低。

研究表明，情绪颗粒度高的人拥有更多的情绪管理策略且自我意识较强，对情绪经验更加开放，共情力也更强，自我感受到的人际关系质量更高。

参考文献：

[1]李莎•费德曼•巴瑞特. 情绪[M]. 周芳芳，译. 北京：中信出版社，2019.

[2]刘希蕾. 情绪密码[M]. 上海：华东师范大学出版社，2018.

[3]朱建军，曹昱. 情绪词典：你的感受试图告诉你什么[M]. 北京：中国人民大学出版社，2023.

好书推荐：《情绪的81张面孔》，上海三联书店2023年版。

影片推荐：《头脑特工队》。

复原密码

每个人的人生都不会是一帆风顺的旅程，我们可能会遭遇拒绝、打击、排斥和伤害，生活中总有一些逆境在考验我们。复原力是我们在面对逆境时的一种重要能力。它不仅是一种在绝境中求生的神奇力量，也是在日常生活中面对小挫折时，获得成长和领悟的潜在能力。

心理学家里克·汉森博士在40余年的临床工作和教学经验中，发现人的大脑具有终身学习与改变的能力。他将脑科学、积极心理学与正念冥想结合，提炼出收获幸福人生的12种实用方法，从厚植内心资源开始，强化安全感、满足感与联结感，用真实案例告诉我们：我们可以从猝不及防的人生变故中迅速恢复，重新出发。

一、心理导航

李娜——最好的人生就像过山车

李娜，1982年出生于中国湖北，8岁正式学习网球，2008年北京奥运会女子单打第4名，2011年法国网球公开赛、2014年澳大利亚网球公开赛女子单打冠军，是亚洲第一位大满贯女子单打冠军。2014年宣布退役，2019年成为首个正式入选名人堂的亚洲球员。

如果在李娜的职业生涯中选择一场最具有代表性的比赛，也许并不是2011年6月4日她在罗兰·加洛斯的中央球场获得法国网球公开赛女子单打冠军的那场胜利，也许应该是2013年的澳大利亚网球公开赛女单决赛。更确切地说，是这场比赛的决胜盘——第三盘。

在前一场半决赛中，她以相当出色的表现进入决赛，对阵上一届冠军维多利亚·阿扎伦卡。第一盘取胜后，她扭伤了左脚，丢掉了第二盘。进入决胜盘，意外再次发生。她突然失去了重心摔倒，头磕在了地上，并短暂失去了视力。她带着伤病和可能出现的脑震荡，很快回到了赛场，坚持继续比赛。而她的攻势也并没有减弱：全场比赛，阿扎伦卡打出18个制胜球，而她打出了36个。她咬着牙，一拍一拍地打，进攻到最后，直到最终以3比6落败。然而，第二年在同一个赛场上，她终于拿到人生中的第二座大满贯奖杯。

在李娜的职业生涯中，她经历过成功，也遭遇过挫折，甚至曾中途退役。她的右膝伤痛如影随形，曾四次接受手术，无数次抽积水，也打过无数针。但在每一次挫折之后，她都积聚了更大的反弹力量。就像她自己所说，最好的人生就像过山车，跌宕起伏，才更精彩。

思考与讨论：

1.成长过程中你曾遇到过哪些挫折？

2.你曾经是怎么从挫折中复原的？

人生不如意事十有八九。复原力，就是从逆境、创伤和挫折中恢复，重整旗鼓的能力。在日常生活中，我们需要应对压力、解决冲突、克服疲惫与痛苦、应对变化的世界，复原力能给予我们有力的支持。

二、心理之谜

心理复原力又称心理弹性、抗逆性，是心理资本的四要素之一，指个体在遇到压力、困难或挫折情境时能够有效应对，从困境中恢复甚至提升自身的能力，也就是对逆境的反弹能力。

心理复原力的优势视角理论（也称3I理论）认为，心理复原力由内在优势因素（I am）、外部支持因素（I have）以及效能因素（I can）三个部分组成。其中，“I am”指个体自身所具备的积极品质和特质；“I have”指个体面对压力或逆境时可以依赖的外部资源；“I can”指个体在面对挫折时所具备的应对能力。

三、心理探索

（一）心理探索营之一

我的能量钻石

美国积极心理学家马丁·塞利格曼等归纳出能使人获得幸福生活的6大品德和24项优势品质，如图4-2所示。

图4-2　6大品德和24项优势品质图

请根据图片里的内容，找找自己有哪些比较显著的像钻石一样闪闪发光的优势品质，在我们遇到困难或逆境时给我们力量。

思考与讨论：

1.你的这些优势品质是怎么培养出来的？

2.你还有没有未被发掘的优势品质？

3. 你的优势品质可以帮助自己应对哪些问题？

（二）心理探索营之二

我的能量星球

当你遇到挫折或逆境时，你会向哪些人、事或物寻求支持和帮助呢？请将这些支持力量记录在图4-3“我的能量星球”里面。

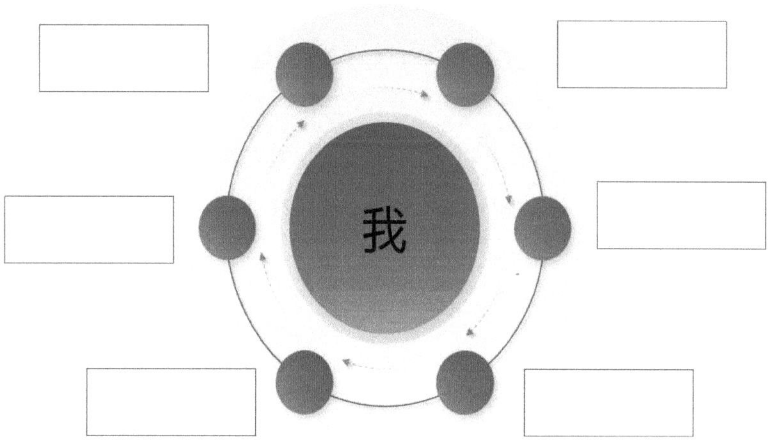

图4-3　我的能量星球

思考与讨论：

1. 你平时经常会求助的资源有哪些？

2. 他们分别能给你什么样的帮助？

（三）心理探索营之三

我的闪光时刻

回想一下在你的成长过程中让你感到有成就感的一件事，并简单描述一下当时的感受。

事 件：______________________________

____

____

____

感受：____

____

____

（四）心理探索营之四

在雨中

活动目的：通过活动，学生探索自己在遇到挫折时获得复原力的资源。

活动步骤：

（1）活动：雨中人。如果将生命中遇到的困难、压力或挫折比作一场雨，那么，开学以来，你被哪些雨淋湿过呢？这些雨跟什么事件有关？带给你什么样的感受？请画一画你淋过的某场雨，并做简单文字说明。（开始绘画之前先进行一段冥想）

（2）冥想指导语：现在，请同学们轻轻地闭上眼睛，感受我们的呼吸，缓缓地吸气，再缓缓地吐气，如此重复三次。想象我们的身体正在穿越一个五彩的通道。我们的身体，有了片刻的失重感。然后，回到了某一天，晴朗的天空突然飘过几朵乌云，原来那是我们经历过的一些困难，我们不知道该怎样面对，有点茫然，慢慢地，天空开始下小雨，雨点打在身上，好像我们遭遇的各种压力，雨越来越大，我们在雨中，不知道雨什么时候停。

现在，请同学们睁开眼睛，将你刚刚看到的画面画在任务单上。

四、心理拓展

人生如同一段旅途，长路漫漫，我们需要补给和工具来应对途中的挑战。里克·汉森博士在《复原力》一书中详细介绍了如何培养和利用我们的内在力量来满足自己的需求。我们每个人都有需求，当需求无法满足时，我们就会感到紧张、焦虑、自责甚至丧失幸福感。当你的复原力得到提升，你就会变得更有韧性，更有能力从容应对生活的挑战，幸福也就随之而来。

人类有三种最基本的需求，可以概括为安全感、满足感和与他人连接。我们通过四个关键途径来满足这些需求，分别为辨识什么是真实的，为自己建立资源，调整自己的想法、感受和行动，以及巧妙地与他人和更广阔的世界建立联系。通过这四个关键途径来满足三种基本需求，你将发展出十二种基本的内在力量（见表4-2）。

表4-2　复原力内在力量模型

基本需求	辨识内心	建立资源	调整自我	产生联系
安全感	关怀	毅力	平静	勇气
满足感	正念	感恩	动力	渴望
与他人连接	学习	信心	亲密	慷慨

走在这条探索之路上，我们可以逐步积累心理资源，从自我关怀开始，这是认识和满足内心深处需求的第一步。而我们把“慷慨”作为这段旅程的终点，是因为随着内心越来越强大，你会越来越具备帮助他人的能力。当这些内在力量不断增长，你会变得越来越有复原力，你将不再那么紧张和易怒，不再那么失望和沮丧，不再那么孤独、脆弱和怨恨。当生活的巨浪再次向你袭来，你的内心深处将更加平和、满足和充满爱。

（1）关怀。关怀是一种心理资源，也是一种可以通过时间培养起来的内在力量。我们可以通过一些能在神经系统中产生持久变化的体验，来培养我们的内在力量。支持自己、关怀自己的伤痛会让你更具有复原力和自信。

回想一个或几个曾经让你产生过关怀之心的人——也许是一个受伤的孩子、一个正在和别人发生矛盾的朋友或是地球另一端的难民。了解他们的负担、焦虑和苦难，感受你那充满热忱的关怀之心。

当你已经知道了关怀的感觉，就把它应用到自己身上。辨识生活中任何让你感到压迫、疲倦、不适、不快乐的事情，然后把关怀之心带给自己，想象关怀像温暖的雨水般慢慢地降落在你身上，抚慰着你内心的疲惫、痛苦及渴望。

（2）正念。乔·卡巴金博士将正念定义为“一种觉知力”：是通过有目的地将注意力集中于当下，不加评判地觉知一个又一个瞬间所呈现的体验而涌现出的一种觉知力。带着正念，你可以将注意力放在正向心理资源的体验上，例如关怀与感恩，并将它们植入你的神经系统之中。

学会冥想，是让我们强化正念的有效方法。

找一个安静的地方，以一个舒服的姿势站立、坐下或躺下，当然也可以在房间里慢慢地前后走动。将注意力集中在某件可以让你停留在当下的事情上，当你呼吸时，将注意力集中在脸部、胸部、腹部或是身体的总体感受上。开始吸气时，集中注意力，一直延续至呼气的过程中。如果走神了，就从头开始。你可以借助一些轻柔的词语，例如“吸入”“呼出”“上升”“下降”，帮助自己集中注意力。

在冥想的过程中，让放松的感觉和其他良好的体验慢慢渗入你的体内，并逐渐变成你的一部分。在即将结束这个实践的时候，充分接受当中任何对你有益的部分。

(3) 学习。学习是获得心理资源的途径，包括激活和植入两个阶段。首先，我们需要通过体验或了解某些事实来激活心理资源。其次，至关重要的是将这些体验转化为我们神经系统的持久性变化，这个过程称为植入。只有通过植入，我们才能真正实现学习、治愈和个人成长。掌握植入技巧的程度越高，我们的成长和发展就越迅速。

学习不仅是一种技能，更是一种内在力量，它能促进个人的成长。

(4) 毅力。面对挑战时，毅力是我们持续努力的关键。通过主动应对困难，我们可以克服习得性无助，增强应对挑战的能力。

往往是那些微不足道、平淡无奇却又持续不断的努力，随着时间的推移，最终带来了巨大的改变。“明天开始”很容易说出口。相反，问问自己：“我今天可以做什么?”

(5) 感恩。感恩让我们在当下感觉良好，支持我们的身心健康，并增强面对挑战的能力。

(6) 信心。信心来源于我们与他人的互相依赖。当他人总是提供可依靠的帮助和关心，尤其是在我们小的时候，我们就会在内心建立安全感和稳定性。

（7）平静。现代生活快节奏的步伐促进了交感神经系统的长期激活，给身体、大脑和人际关系都带来了压力。寻找机会有规律地干预副交感神经系统的活动，例如放松或冥想，有助于我们在快节奏的现代生活中找到平衡。

愤怒折磨着我们的身心，激增了我们与他人的冲突。拒绝愤怒，你可以变得更强大、更自信。

（8）动力。复原不仅仅是指从逆境中恢复过来。具有复原力的人能够在面对挑战的时候，继续追求自己的目标。因此，学习如何调节大脑的激励机制是提升复原力的一个关键因素。

人们通常认为为了保持动力需要对自己更加严苛，但实际上情况恰恰相反。采用指导而不是批评的方式，更有助于我们坚持下去。通过积极的自我引导，我们可以更有效地激发内在动力，从而在逆境中展现出更强的复原力。

（9）亲密。亲密关系不仅仅存在于浪漫关系中，它贯穿于所有类型的人际关系。在这些关系中，保持一个清晰的自我意识有助于亲密度的发展。建立健康的界限，并在交往中坚持自己的个性，是个人自主意识成长的基础。

同理心在亲密关系的发展中扮演着关键角色。我们的大脑拥有不同的神经网络，它们帮助我们理解和协调他人的想法、情绪和行为。同理心不仅是一种内在的品质，也是我们在与他人互动时可以运用的工具。通过培养和运用同理心，我们可以更深入地与他人建立联系，从而促进亲密关系的形成和发展。

（10）勇气。勇气在与他人交谈的时候显得尤为重要。开放、真诚的沟通是建立任何重要关系的基础，尽管这可能伴随着风险。为了确保沟通中的安全，我们要识别出潜在的危险。

明智的沟通意味着表达一些出发点是好的、真实的、有益的且不伤人的话。如果可能的话，直接表达自己的愿望和需求。

（11）渴望。在爱情、工作和娱乐之间找到一个美好的平衡点：什么是你喜欢、擅长并且关注的。日子漫长，岁月短暂，充分利用你拥有的时间。

追求高远的目标，同时对结果保持平和的心态。培养成长型心态，认识到失败是成长的一部分，不要把发生的一切看得太个人化。做你能做的，并且知道有些结果并不在你的掌控之中。

（12）慷慨。人类天生具有利他主义。大多数的慷慨并不涉及金钱。感激自己是一个给予者，有助于你不断地给予。在给予同情时，我们需要保持平静，以防被他人的痛苦压垮。我们可以在广阔的视角下看待痛苦、尽可能地采取行动。

我们把人分成“我们”和“他们”，倾向于与“我们”合作，同时对“他们”抱有恐惧或敌意。将“他们”纳入“我们”的圈子里是慷慨的，这是我们与所有人和平共处的必要条件。

当我们培养了内在力量，比如关怀和勇气，我们就能够体验到一种具有复原力的幸福感。在一个积极向上的生命循环中，我们可以给予他人更多，对方也会以同样的方式回馈我们。

参考文献：

[1]里克·汉森，福里斯特·汉森. 复原力：如何培养沉着冷静、坚不可摧的强大内心，获得幸福感[M]. 周芳芳，译. 北京：中译出版社，2024.

[2]马丁·E.P. 塞利格曼. 持续的幸福[M]. 颜雅琴，译. 北京：北京联合出版公司，2022.

好书推荐：《复原力》，中信出版社 2020 年版。

影片推荐：《贫民窟的百万富翁》。

相逢是歌

双向奔赴的友谊

根据埃里克森的心理发展理论，高中生在社会化的过程中，不断确立自我意识，重视人际关系，尤其是同伴关系。高中生倾向于花更多的时间和同伴交流和沟通，良好的同伴关系使他们彼此喜欢，并相互帮助、相互信赖，给他们带来归属感和正向支持。但现实生活中，仍然有很多同学被人际关系问题困扰。究其原因，一方面，他们思维相对较狭隘，看问题较片面和偏激；另一方面，他们情绪容易波动，不够稳定。但最重要的原因还在于他们缺乏人际沟通的经验和技巧，遇事不会好好沟通。因此，良好的沟通能力能够帮助同学们建立更好的人际关系，促进积极情感的形成，进而收获双向奔赴的友谊。

一、心理导航

伟大的友谊

马克思和恩格斯是好朋友。他们共同领导国际工人运动，共同办报，做研究，起草文件。著名的《共产党宣言》就是他们共同起草的。

马克思是共产主义理念的奠基人。虽然他受反动政府的迫害，生活很穷苦，但他依然坚强地进行研究工作和革命活动。恩格斯作为他的朋友，经常把自己节省下来的钱寄给马克思。碰到恩格斯需要帮助的时候，马克思也同样毫不犹豫，竭尽全力。

马克思和恩格斯不仅在生活上互相帮助，更重要的是他们在共产主义的事业上也亲密合作。他们同住在伦敦时，每天恩格斯都要到马克思家里去，和他讨论各种政治事件和科学问题，他们各抒己见，有时候还进行激烈的争论。他们不在一个城市居住时，就经常通信，彼此交换对政治事件的意见和研究工作的成果。

1883年，马克思逝世。恩格斯放下自己的研究工作，着手整理马克思未完成的《资本论》，他抄写、整理、补充、编排，几次累得生病。恩格斯花了整整11年时间，才完成了这部伟大的著作。

马克思和恩格斯合作了40年，共同创造了伟大的马克思主义。在向着共同目标奋斗的40年中，他们建立了伟大的友谊。

思考与讨论：

1.马克思和恩格斯为什么能建立如此深厚的友谊?

2.你认为要想与朋友建立深厚的友谊，最重要的是什么?

孟子说："人之相识，贵在相知，人之相知，贵在知心。"真正的朋友彼此应互相尊重，互相信任，并且能够患难见真情，在朋友无助时，应伸出援助之手。

现实生活中，沟通是建立关系的核心能力，也是人际交往的主要渠道，良好的沟通能够帮助学生建立更好的人际关系，获得珍贵的友谊。

二、心理之谜

萨提亚模式是由心理学家萨提亚提出的一种心理治疗体系，它最大的特点是着重提高人的自尊、改善沟通，并帮助人活得更"人性化"。

（一）沟通三要素

萨提亚认为，我们生存的世界，是关系的世界，我们总是生活在三种关系中，分别为与环境的关系、与自己的关系、与他人的关系。这三种关系的处理方式，决定了我们沟通的品质。

我们将构成沟通系统的要素分为三种，分别是自我、他人和情境。沟通的过程实质上就是这三个要素互相作用的过程。

（二）沟通姿态

人际交往中，不可避免地会出现冲突，尤其是在亲密关系中。人们在面对不同对象、场景时会下意识地选择不同的沟通姿态。

沟通姿态是萨提亚提出的概念，沟通姿态不是性格，也不是某种人格类型，而是人们在压力下习惯性使用的沟通行为。常见的沟通姿态包括讨好、指责、超理智、打岔和一致性。

1. 讨好

当一个人使用讨好的沟通姿态时，其关注的是他人的感受，而忽略了自己的感受。该类型的沟通者常自我贬低、自我忽略，表现出乞怜、让步的态度，试图取悦他人，尤其是生命中重要的人。他们的身体语言和声音显得软弱，对自我的评价是低自我价值，缺乏自信或远离自我。他们常认为“我怕自己不够好”，“如果我不付出，不努力为别人作出贡献，我就不配得到爱”。

2. 指责

当一个人使用指责的沟通姿态时，其关注的是自己的感受，而忽略了他人的感受。该类型的沟通者常支配、忽略、批评、攻击他人，经常去找别人的错误，并为自己辩护，要别人为自己的不幸负责。他们的身体姿态显得僵硬而权威，对自我的评价是低自我价值、缺乏控制、过分关注他人的期待。他们认为“我没有错”，“如果我错了，如果我不够好，那我可能就不配得到爱”。

3. 超理智

当一个人使用超理智的沟通姿态时，其关注的是情境，而忽略了自我和他人的感受。该类型的沟通者保持冷静和理性，并不在乎自己与对方的感受，以避免自己情绪化，总是看起来没有感情波动。他们的身体姿态是僵硬的，表现得很优越；对自我的评价是低自我价值、思维逻辑而客观、善于进行冗长的解释或使用专业术语。他们认为“我害怕我是错的”，“我不能动感情，动感情我就软弱了，软弱就不配得到爱”。

4.打岔

当一个人使用打岔的沟通姿态时，其把沟通的三要素都忽略了。该类型的沟通者常做的事是使自己和他人分心，多半表现出一副看起来和任何事都无关的样子，而忽略自己、他人和情境。典型的表现是：言语上习惯漫无主题，随心所欲、抓不到重点；情感上仅显露少许真正的情绪，内心极为敏感、孤单、焦虑、害怕失去控制，容易显得脆弱和困惑。他们认为“我害怕得不到爱”，“我需要别人时时刻刻地关注我”。

5.一致性

当一个人使用一致性沟通姿态时，其关注了自我、他人和情境三个要素。该类型的沟通者既能觉察、理解和表达自己的感受和体验，真诚地自我表达，同时也能关注他人和情境的需要，在适当的情境中，传达直接的讯息，并且为此负责，能顾及自我、他人和情境。在这种沟通方式下，自我、他人和情境处于平衡状态，表达者的语言、身体姿态、内在感受是一致的，情感上是平和的、平静的、有爱心的、接纳自己与他人的；对自己的评价是高自我价值、能干的、欣赏自己的。在一致性沟通里，误解和争论是可以被处理的，因为保持一致性沟通姿态时的双方，可以真正感受到对方的感受，也愿意说出自己的感受；即使双方意见不一致，内心依然可以保持连接。

每种沟通姿态都有其有利的一面，如：讨好型的人关怀他人，指责型的人有领导才能、有能量，超理智型的人有知识、注意细节、解决问题能力强，打岔型的人幽默、有创造力。

讨好、指责、超理智、打岔四种沟通姿态，表现为内心的期待和感受与说出来的话不一致，属于“不一致的沟通”，无论表现形式如何，这些沟通姿态背后都反映出较低的自我价值感。只有一致性的沟通姿态，才真正体现高自我价值。这种沟通姿态不仅能欣赏他人，也能悦纳自己。

三、心理探索

（一）心理探索营之一

爱在指尖

指导语：同学们两两一组，相对站立，当老师喊出“爱在指尖”时，同学们做出相应手势。伸一个手指“点赞”表示“我想和你点点头”，伸两个手指“比耶”表示“我想和你握握手”，伸三个手指比“OK”表示“我想和你抱一抱”。当两人手势相同时，做出对应的动作；当两人手势不同时，则站着不动，不需要做任何动作。一共进行5轮游戏。

思考与讨论：

1.在刚刚的游戏中，你和同伴做出的哪个动作最多？

2.当你看到对方伸出的手指比自己多时，内心的感受是怎样的？

3.当你看到对方伸出的手指比自己少时，内心的感受又是怎样的？

教师总结：在人际交往中，我们都渴望对等的友情，我们都追求双向奔赴的友谊。

（二）心理探索营之二

我的沟通模式

假设你在走廊上不小心撞到了小明的胳膊，他看了你一眼说：“你没长眼睛啊？”你会如何回应小明？

a.对不起，都是我的错，是我不好，撞了你。

b.谁没长眼睛？你才没长眼睛呢，你看你把我撞疼了！

c.力的作用是相互的，同学，你说我撞了你，你也撞了我啊！

d.哎，是你啊，你们班主任找你呢，还不快去！

思考与讨论：

1.选出与你最相符的回应方式。

2.你觉得哪一种回应方式沟通效果最好，为什么？

3.如果给每种沟通方式取名的话，讨好型、指责型、超理智型、打岔型分别对应哪种回应方式？这些回应方式分别有什么特点？

（三）心理探索营之三

一致性沟通

活动目的：让学生看到一致性沟通前后沟通双方情绪状态和人物关系变化，借助沟通三要素，引导学生思考被自己忽略的沟通要素以及在此基础上如何改变沟通方式，学会一致性沟通的表达。

指导语：如何让沟通更有效，让我们内外一致呢？根据心理探索营之二的相关信息，请同学们一起探寻“我”和小明回应背后的真实情绪。

1.一致性沟通前

（1）根据自己对小明的回应，从以下四种描述中选择一个符合自己的沟通姿态，认识自己的沟通方式是讨好型、指责型、超理智型还是打岔型。

a.单膝跪地，右手放在心脏的位置，左手举起做祈求状。

b.双脚一前一后站立，身体前倾，一手叉腰，一手向前将食指伸出。

c.双臂在胸前交叉，头部上扬大约45°，好似用下巴看人。

d.双脚内八字，弯下腰，双手垂下，向相反的方向摆动，转身不理会。

（2）在这样的沟通姿态下，你和小明的情绪分别有哪些？（尤其是那些被我们忽略的情绪、感受）

2.一致性沟通中

根据沟通三要素自我、他人、情境，组织新的语言重新回应小明，抓住四个关键点：描述事实、表达自我、理解他人、提出建议。可以用这样的句式：我看到（听到）______，我感到______，我理解你______，我们可不可以______？

3.一致性沟通后

在一致性沟通后，你和小明会发生怎样的变化？你有什么样的感悟？

注意事项：

（1）教师要让学生理解每个沟通姿态的含义、表现及优缺点。

（2）教师讲解沟通三要素时，可以让学生思考不同的沟通姿态下，个体都关注了谁，忽略了谁。

（3）教师要重点引导学生挖掘那些被隐藏或被忽略的自己及他人的情绪和感受。

（4）一致性沟通的表达是建立在沟通三要素基础上的。

（5）为了更加形象地展示四种沟通姿态，教师可以把文字转换成图片，展示给学生看。

（四）心理探索营之四

人际交往红黄蓝

指导语：请拿出红、黄、蓝三种颜色的卡纸各一张，思考影响同伴交往的因素，在蓝色卡纸上写促进人际交往或沟通的关键词，在红色卡纸上写阻碍人际交往或沟通的关键词，在黄色卡纸上写自己可以改进的交往和沟通方法。

红、黄、蓝三张卡纸写完后，和同学进行交换，看一看卡纸上记录的内容哪些是促进友谊的，哪些可能成为培养友谊的障碍，并总结出同伴关系中双向奔赴的秘籍。

四、心理拓展

（一）学生的同伴交友

1.同伴关系的重要性

高中阶段是交友需求迅速增长的阶段。高中生喜欢与同龄人交友，志同道合的相似性、同甘共苦的相互性、取长补短的互补性，以及品质的认同性，是影响高中生择友的主要因素。绝大多数高中生认同“人交友，贵知心”，以心理上的相知默契作为友谊的重要标准。

首先，同伴关系会影响学生的学业成绩。课堂中同学之间的关系状况会影响课堂氛围，而同学关系的融洽与否会影响合作学习能否顺利进行。其次，同伴关系会影响学生情绪的稳定和情感的发展。良好的同伴关系会带来心理上的安全感和归属感，可以消除孤独感，使人感受到理解和温暖。再次，同伴关系会影响学生的人际交往能力的发展。在与同学的交往中，可以通过观察模仿、强化学习，丰富交往经验，学习交往规范，从而发展社会交往能力。最后，同伴关系影响学生品德与个性的发展。学生之间往往需求相近，兴趣相投、性格相似或互补，这种关系能够促进学生个性的发展。以同伴为镜，学生可以更好地促进自我意识和自我同一性的发展。

2.如何正确交友

首先，要学会尊重别人，平等交往。尊重与平等是人际交往的重要原则。在交往中，要尊重别人的人格、感情、习惯、兴趣爱好，对别人的缺点多一些宽容和理解。此外，还要平等交往。毕达哥拉斯说过，友谊是一种和谐的平等。朋友之间是相互照顾、相互包容、相互理解的，不是一方一味地付出，也不是一方一味地索取，长久健康和谐的朋友关系，一定是旗鼓相当、内心平等的。就像冈察洛夫所说，友谊既不需要奴隶，也不允许有统治者，友谊最喜欢平等。

其次，待人要真诚。真诚是良好人际关系的法宝。待人真诚，就要真实地表达自己，纯真坦白，袒露情怀，讲真话，不虚伪。

再次，要学会主动交往。要获得一份真挚的友谊并不容易，在现实生活中，虽然很多人都有与人交往的强烈欲望，但总是采取消极、被动的退缩方式，原地等待友谊的降临，这样很难建立良好的人际关系。我们需要积极主动地迈出去，主动与人打招呼，主动关心、帮助别人。

最后，沟通是信息传递的重要方式，也是建立良好人际关系的重要途径。我们可以从以下几方面做起：第一，与人交流时，态度要诚恳，避免油腔滑调、哗众取宠、高谈阔论、打岔等令人不愉快的行为。第二，要学会积极倾听，做忠实的听众。沟通双方通过准确表达、用心倾听、思考质疑、澄清确定的循环交流过程，明确沟通的主题和要解决的问题，避免产生误解或没听明白。倾听时要积极配合对方的言论，让对方感受到你在关注他的言行，他会乐意向你提供更多的信息。第三，沟通要有多变性。不同人对同一句话的理解是千差万别的，每个人想问题的角度及所站的立场都是不同的。沟通时多样性的语言有助于和不同的人对话，进行深入交流，达到沟通目的。

（二）萨提亚冰山理论

萨提亚曾使用过一个非常形象的比喻：一个人的“自我”就像一座漂浮在水面上的冰山，能够被外界看到的行为表现或应对方式，只是露在水面上很小的一部分，而大部分却是藏在更深层次，不为人所见，并被我们忽略的“内在”，恰如冰山。揭开冰山的秘密，我们会看到生命中的渴望、期待、观点和感受，看到真正的自我。

按照萨提亚冰山理论，冰山包括行为、应对方式、感受、观点、期待、渴望、自我。当我们在与人沟通时，并没有觉察到沟通背后更深层次的“冰山”，有时甚至连自己“冰山”下面的东西也没有觉察。所以，我们要善于挖掘那些被我们忽略的情绪、感受、期待、渴望等，这样才能更深入地理解沟通的本质。

（三）萨提亚五种沟通模式

萨提亚曾经描述过这样一个现象，在人群中，无论人们的真实感受和想法如何，总有这些情况：50%的人回答“是”（讨好型）；30%的人回答“不是”（指责型）；15%的人既不回答“是”，也不回答“不是”，也不会给出他们真实感受的任何线索（超理智型）；0.5%的人会表现得若无其事、毫无知觉（打岔型）；4.5%的人的回答是真实的（一致性）。

在与他人沟通时，为了自我保护，我们会不假思索地选择我们熟悉的防卫方式来保护自己，所以我们采用了指责、讨好、超理智、打岔（有时逃避）这些不一致的沟通方式，这对有效沟通是不利的。

要想做到沟通一致，我们要先培养自己的共情能力：理解自己的感受，共情他人言语背后的感受和期待。对于指责型的人，尝试着放下“自己指责的手指”，关心地看看对方有什么样的观点、感受和期望。对于讨好型的人，不要急着取悦他人，而是首先关注自己，倾听自己内在的声音，拿出勇气说出自己的真实感受。对于超理智型的人，要练习关注自己、关注别人的感受，多用心、用感官去听、去看、去感受。对于打岔型的人，建议从关注当前情境开始，学会活在当下。

参考文献：

[1]陈安福．中学心理学:新编本[M]．北京:高等教育出版社，2004.

[2]俞国良．心理健康:修订版[M]．北京:高等教育出版社，2013.

[3]理查•班德勒,约翰•葛瑞德,维吉尼亚•萨提亚．与家庭一起改变[M]．王建兵,译．北京:世界图书出版公司北京公司,2021.

[4]维吉尼亚•萨提亚．萨提亚家庭治疗模式[M]．聂晶,译．北京:世界图书出版公司北京公司,2007.

[5]维吉尼亚•萨提亚．新家庭如何塑造人[M]．易春丽,叶冬梅,译．北京:世界图书出版公司北京公司,2006.

好书推荐:《当我遇见一个人 维吉尼亚•萨提亚演讲集》,世界图书出版公司北京公司2016年版;《新家庭如何塑造人》,世界图书出版公司北京公司2006年版。

影片推荐:《心灵捕手》。

守护友谊的界限

在日常生活中，冷漠常常被视为人际关系的破坏者。当亲密关系中的一方被忽视时，裂痕会悄然产生，最终可能引发冲突和矛盾。相反，关爱、重视和支持等积极行为则是维护健康关系的重要基石。然而，关爱并非越多越好，而是需要把握分寸。过度关心往往容易演变成干涉、侵犯他人的个人界限，最终导致好心办坏事。例如，有些人在朋友不愿透露困境时，却不断追问原因。这些行为虽然表面上看是出于善意，但实际上却可能损害双方的关系。因此，我们需要注重边界感，学会保持适度的关爱。尊重他人的个人空间和隐私是建立健康关系的基础。在关爱他人时，我们应该学会倾听和理解，而不是过度干涉和追问。只有这样，我们才能真正做到关爱有度，让关系更加和谐融洽。

一、心理导航

我不想再做“好好先生”

大家好，我是“好好先生”，因为我总是习惯于对任何事情都说“好的”，然而这种表面的迎合背后，实际上隐藏着内心的挣扎与不安。每当我说出一个“好的”时，内心总会响起两种截然不同的声音，彼此争斗不休。在这场内心的较量中，最终总是“迎合他人”的声音战胜了“听从自我内心”的呼唤。我深陷于这种矛盾之中，感到无比困扰和痛苦。对于我来说，做出真实的自我选择，似乎成了一种难以企及的奢望。

由于顾及颜面，难以启齿拒绝，又害怕面对尴尬的场面，每当有人提出需要我帮忙时，我总是惯性地回答“好的”。然而，这样的回应往往导致他们接二连三地继续请求我的帮助，无论是第二次、第三次，还是第n次。最终，我感到疲惫不堪，甚至没有得到应有的尊重。我渐渐意识到，学会适时地拒绝，才是对自己和他人真正的尊重。

我向来不善于拒绝别人的请求，总以为这样他们会记住我的好意。然而，后来我却发现，他们似乎把我的帮助视为理所当然。一旦某次我无法满足他们的期望，他们不仅不会感激我之前的付出，反而会对我表示不满和抱怨。这种态度让我感到非常愤怒和失望。我意识到，无条件的付出并不一定能换来别人的尊重和感激，反而可能会让自己陷入被动的境地。

我总是倾向于委屈自己来满足别人的要求，然而，当我需要他们的帮助时，他们却经常毫不犹豫地拒绝我，完全不考虑我之前对他们的无私付出。我对他们的不帮助感到愤怒，但说实话，我也对他们能够坦诚地表达自己的想法感到一丝羡慕和佩服。我意识到，我也需要学会像他们一样，勇敢地说出自己的需求和想法，而不是一味地迎合别人。

思考与讨论：

当你面对他人的请求时，如果你也像“好好先生”一样感到困扰，那么试着思考以下几个问题吧：

1.你是不是非常渴望得到每个人的赞同和认可？

2.如果有些人对你不满意或者不喜欢你，你会感到心情低落吗？

3.你是否害怕因为拒绝别人的要求而在人际关系中被孤立、被忽视，甚至被抛弃？

你希望同学们因为什么而喜欢你呢？是不断地、无原则地应承他们的要求，还是你独特的个性和魅力？虽然无条件的应承可能会暂时拉近同学间的距离，但同学们真正欣赏和喜欢的，是那个真实的你，还是那个总是说“好的”的你？事实上，每个人都有自己的风格和特色，没有人能够赢得所有人的喜欢和赞许。如果我们把“好的”当作人际交往的润滑剂，长期下去，不仅会让他人失去边界感，自己也会感到疲惫不堪。最终，这种“润滑剂”可能会失效，反而导致人际关系的紧张和疏远。记住，你的价值和快乐不应该完全取决于他人的看法和接受程度。学会尊重自己的内心，勇敢地表达自己的真实想法和感受，这样才能建立更健康、更真实的人际关系。

二、心理之谜

在人际交往中，认识到“边界”的存在十分重要。人际边界是指个体与他人之间的心理和情感界限，能够保护个体的自尊、隐私和个人空间。人际边界的形成受到多种因素的影响，包括个体的个性特征、文化背景、社会经历等，同时也受到人际关系的发展和演变的影响。人际边界又包括边界的意识、边界的管理和边界的调整。

（一）边界的意识

边界的意识是个体对自己与他人之间心理边界的感知和认识，能够帮助我们判断何时和如何与他人保持适当的距离。边界的意识包括我们对自己和他人边界的敏感度和关注程度，以及对边界侵犯的感受和反应。具有较高的边界意识的人更容易察觉自己与他人之间的界限，能够更好地保护自己的权益和隐私。有些人天生对边界敏感，更注重保护私人空间和隐私；而有些人则较为开放，对边界的意识较淡。此外，个体在成长过程中所处的文化环境、家庭背景和社会经历也会对其边界意识产生影响。所以有的时候与人产生矛盾，可能仅仅是因为我们彼此边界的意识敏感程度不同，并非有意而为之。

（二）边界的管理

边界的管理是指个体对自己与他人之间边界的有效管理，以保护自己的权益和维持良好的人际关系。边界的管理包括边界设定、边界维护和边界开放三个方面。边界设定是指我们对自己与他人之间心理边界的明确规定和界定。你是否清楚地知道哪些是自己的隐私、权益和个人空间，以及哪些是可以与他人分享和共享的呢？边界维护是个体在人际交往中保护自己边界的行为和策略。我们有表达自己的边界要求、拒绝他人的边界侵犯，以及采取适当的行为来维护自己的边界的种种需要。边界开放是指个体有意识地与他人分享自己的隐私、感受和个人信息。适当的边界开放能够促进我们与他人关系的发展和深化。边界的管理的成功与个体的沟通和表达能力、自尊和自信心有关。每个人都需要学会明确地表达自己的边界要求，同时也要尊重他人的边界。

（三）边界的调整

边界的调整是指我们在不同情境下对心理边界的调整和变化。当你处于不同的社会和文化情境，感受到不同人际关系的需要和期望时，你就需要灵活地调整自己的边界要求和行为。边界的调整与个体的适应能力和社交智慧密切相关。边界的调整需要我们具备辨识不同情境的能力。例如，在一对一的密切关系中，个体可能会更开放地分享自己的私人信息，而在公共场合则更注重保护自己的个人空间和隐私。

人际交往产生的矛盾往往源于人际边界的模糊性，即人们要么试图侵犯他人的边界，要么自己的边界被他人侵犯。为了解决这个问题，阿德勒提出了一个深刻的理念：你的存在并非为了迎合他人的期望，同样，他人也不是为了满足你的期望而存在。为了更具体地实践这一理念，阿德勒引入了一个名为“课题分离”的方法。这一方法强调，每个人都是独立的存在，拥有自己的课题和责任。在人际交往中，我们应该清晰地区分自己的课题和他人的课题，只对自己的课题负责，同时尊重他人处理自己课题的权利，不干涉、不越界。课题分离的方法可以帮助我们探索自己和他人的人际边界，即人与人、人与环境在互动中形成的言行活动限制线，从而促进人际交往和谐。我们可以从以下三个方面在生活中尝试课题分离。

首先，明确“课题归属”，即明确“这是谁的课题”。要判断课题的归属，关键在于看谁将承担选择的结果。以不好意思拒绝别人要自己帮忙为例，若自己没有时间帮忙，你可能倾向于内疚和自责。但事实上，别人的事是他们自己的课题，因为事情是否能完成直接由他们自己承担。

其次，恪守本分，尊重他人课题。课题分离的第二个步骤是“恪守本分，不干涉他人的课题”。一旦明确了课题的归属，就应该专注于自己的课题，避免干涉他人的事务。以好朋友的人际关系为例，建立友谊、选择和谁做朋友是他们自己的责任，我们不应过度干涉。只有在他们遇到社交难题并主动向我们寻求意见和帮助时，我们才可提供支持和建议，否则就是侵犯了他们的交友权，我们应允许自己的好朋友拥有在人际交往上的自主权。

最后，维护边界，保护个人课题。课题分离的第三个步骤是“维护边界，防止他人随意侵入我们的课题”。每个人的课题结果都由自己承担，因此我们有责任保护自己的课题不受他人干扰。在没有充分理由的情况下，不应随意允许他人介入自己的事务，以免引发不必要的问题。

三、心理探索

（一）心理探索营之一

只有一人的自习室

指导语：你正在备考期末考试，来到自习室准备冲刺复习，当你走进自习室，发现黑点处坐着一位同学，这个时候你会选择图 5 -1 中 1 A ~ J哪个位置坐下呢？

图5-1　座位的选择

思考与讨论：

我会选择________________，因为：______________________________

____

____。

（二）心理探索营之二

探索我的人际边界

指导语：每个人的家里都有门，我们心灵世界和现实世界一样，也需要这样一扇门来保护我们的心灵，这扇门就是人际边界，区分着我们的内心世界和外部世界。在与人交往中，包括自己的亲人好友在内，总会有一些让自己感到不舒服的行为，虽然也不是什么大事，没必要计较，可就是感觉不舒服，问题出在哪里呢？可能就与这扇门有关。下面让我们一起来看看大家的门里和门外都有些什么吧。

思考与讨论：

请你回忆在与他人交往过程中，哪些时刻、行为或事情让你感觉不舒服、没有安全感？又有哪些时刻、行为或事情让你感觉舒服、有安全感？

（三）心理探索营之三

我的门牌我设计

活动目的：通过活动，在探索自我边界的基础上与他人构建良好人际关系。

活动步骤：

（1）指导语：每个人都有边界，只是有的时候不易于察觉或者为了维护关系而刻意规避。为了让来访的客人和我们自己都清楚明白我们边界的“门”何时会开、何时要关，我们来通过了解这些常见的人际边界模糊的表现从而构建属于我们的人际边界图形。

①控制——把别人当作自己身体的一部分，像使用工具一样使用他人。

②纠正——将自己的想法和经验投射到他人身上，对他人的做法和想法加以干涉。

③侵犯隐私——喜欢窥探他人的隐私，他人的物品、他人的秘密都属于他人的隐私。

这三种行为都会让我们感到不舒服，所以，我们也要避免对别人做出同样的举动。

④讨好——为了得到他人的认可和尊重而迎合他人，做一些能够让对方开心的事。

⑤分离焦虑——极度害怕与他人分离。

⑥依赖——把自己的事推给他人做。

以上三种表现属于我们自己模糊了自己的边界，随意让别人进入我们的地界，所以，我们才会讨好别人，才会在跟别人分离的时候产生焦虑，才会依赖别人。这是我们不尊重自己的表现，久而久之也是一种内耗。

（2）请各位同学根据对以上六种人际边界模糊情况的接受程度进行评分。评分范围为0～10分，其中0分表示完全无法接受（零容忍），10分表示完全接受。接下来，请在“我的人际边界图形”（见图5-2）上对应每种情况的接受程度进行标点，并将所有点依次连接，形成一个不规则的六边形。

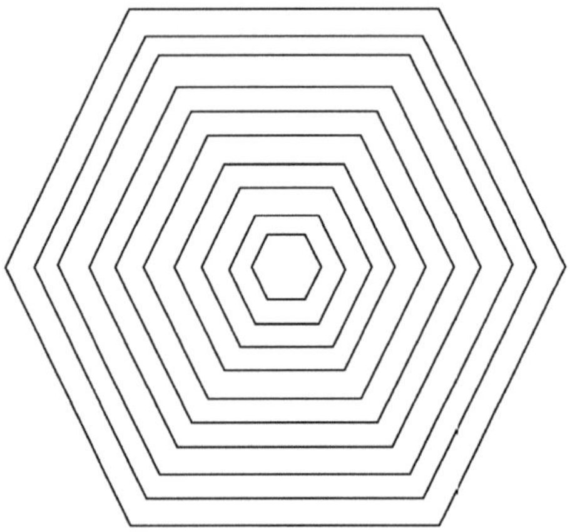

图5-2　我的人际边界图形

（3）邀请同学分享自己的“人际边界图形”。

（4）总结：在交往中我们无法一一列举自己的交往边界，这样未免过于刻板和无情，所以我们就需要敏锐觉察自己和他人的边界，彼此关心但不越界。古人云：“远而不疏，近而不狎。”“远而不疏”意味着有距离但不疏远，“近而不狎”的意思就是不过分亲密，互相尊重。

四、心理拓展

（一）当他人向我们寻求帮助时

面对他人向我们寻求帮助的情况，我们需要明确自己的课题：是否提供帮助，以及这种帮助是否会对我们自身产生影响。我们的决策应该基于自身的实际情况和能力范围，而不是被外部因素所干扰。如果我们能够帮助且不会给自己带来过大负担，那么伸出援手是一种善意和友好的表现。然而，如果我们由于某些原因无法提供帮助，也应该坦诚相告，而不是勉强自己。

同时，我们也需要认识到，他人的课题是接受帮助并表达感激，或者因没有得到帮助而感到失望。这是他们自己的情绪和反应，我们无法控制。如果我们因为担心他人会对自己有意见而违背自己的意愿去帮助他人，这实际上是在干涉他人的课题。每个人都有自己的生活方式和选择，我们应该尊重他人的独立性，而不是试图去控制或改变他们的想法和行为。

（二）与他人沟通时

在与他人沟通的过程中，我们的课题是清晰、流利地表达自己的观点。我们应该以开放、诚实的态度来传达自己的想法和感受，而不是害怕与他人产生分歧或冲突。沟通是一个双向的过程，需要双方都能够坦诚地表达自己的想法和意见。

然而，我们也需要认识到，他人的课题可以是接受、理解我们的观点，也可以是有自己的想法和看法。我们无法控制他人的思想和反应，只能尽力表达自己的观点并尊重他人的意见。如果我们因为担心自己的观点不被接受而不敢说出自己的想法，这实际上是在限制自己的表达和沟通能力。我们应该勇敢地表达自己的想法，同时也要尊重他人的观点和独立性。

（三）他人对自己的评价

面对他人对自己的评价，我们需要明确自己的课题：接受、认可或者不接受。我们应该以客观、冷静的态度来对待他人的评价，认真倾听并思考他人的建议和意见。如果评价是中肯的、有建设性的，我们应该虚心接受并改进自己；如果评价是不公正的、带有偏见的，我们也可以选择不接受并坚持自己的立场。

同时，我们也需要认识到，他人的课题是喜欢我们或者不喜欢我们，对我们的评价也是他们的想法和看法。我们无法控制他人的喜好和评价，只能做好自己并尽力展现自己的优点和特长。如果我们因为担心他人不喜欢自己而焦虑、难过，这实际上是过度关注他人的看法而忽略了自己的内心需求的行为。我们应该关注自己的成长和发展，做好自己的本职工作，并尊重他人的独立性和选择。

学会课题分离并不是要求我们完全割裂人与人之间的界限，而是在生活中我们要更加清晰地界定自己的责任和范围，减少不必要的干涉和冲突。通过这样的方式，我们能够更好地保护自己，减少受他人影响的可能性，从而过上更加自在和舒适的生活。在任何人际关系中，我们首先需要更加爱自己。这并不是说我们要变得自私自利，而是要学会关注自己的内心需求，尊重自己的感受和想法。只有当我们真正照顾好自己，才能更好地与他人相处，建立起健康、平等的人际关系。

课题分离并不是一种孤立的行为，而是一种自我成长和自我保护的方式。通过明确自己的责任和界限，我们可以更加自信地面对生活中的挑战和困难，不会轻易被他人的意见和看法所左右。同时，我们也能够更加理解他人的立场和需求，以更加包容和理解的态度来与他人相处。因此，学会课题分离并不是要我们拉远与他人之间的距离，而是要我们在生活中更加清晰地认识自己，更加爱自己，从而过上更加自在、充实和有意义的生活。

参考文献：

[1]邢淑芬，刘伊宁．边界感，人际交往的必修课[J]．光明少年，2023(8):28-29.

[2]艾玲，关婉怡．尊重边界，和而不同：高一学生人际交往心理课设计[J]．中小学心理健康教育，2023(7):29-31.

[3]苏恭华．再好的关系也要有边界[J]．中学生博览，2023(27):68-69.

好书推荐：《自我边界》，江苏凤凰文艺出版社2019年版；《被讨厌的勇气》，机械工业出版社2015年版。

影片推荐：《绿皮书》《奇迹男孩》。

我能深思懂爱情

爱情一直以来都是人们不断追寻、向往和渴望的美好情感。20世纪30年代以来，心理学家也开始致力于从不同角度对爱情进行阐述。精神分析学家埃里希·弗洛姆认为，爱是指热烈地肯定他人的本质，积极地建立与他人的关系，并在双方各自保持独立和完整性基础上实现相互结合。爱的本质是给予而非获取，爱的目的是使对方获得幸福、发展和自由。美好的爱情不仅能增加生活中的快乐，还能提高一个人的能力，帮助其实现自身的成长。那么，真正的爱情是什么呢？爱情应当包含什么要素呢？爱情和友情有什么区别呢？只有当人们能够真正理解爱情的本质时，才能够更好地发展自己，为未来拥有美好的爱情做好准备。

一、心理导航

一见钟情的才子才女世纪佳缘

杨绛1911年7月17日出生在北京，祖籍江苏无锡。杨绛原名杨季康，后来笔名杨绛为人熟稔，成了“本名”。

1932年3月初，杨绛去看望老朋友孙令衔，恰巧孙令衔要去清华大学看望表兄，这位表兄不是别人，正是钱锺书。两人初见，杨绛眼中的钱锺书身着青布大褂，脚踏毛底布鞋，戴一副老式眼镜，眉宇间“蔚然而深秀”。当时两人只是匆匆一见，甚至没说一句话，但当下都彼此难忘。不久，钱锺书写信给杨绛，约在工字厅相会。一见面，他的第一句话就是："我没有订婚。"杨绛答："我也没有男朋友。"从此两人便开始鸿雁往来。

随后钱锺书以高分获得了中英庚款留学奖学金，杨绛毫不犹豫中断清华学业，陪丈夫远赴英法游学。满腹经纶的大才子在生活上却出奇的笨手笨脚，学习之余，杨绛几乎揽下生活里的所有杂事，做饭制衣，翻墙爬窗，无所不能。杨绛在牛津坐月子时，钱锺书在家不时闯"祸"。台灯弄坏了，杨绛安慰，"不要紧"；墨水染了桌布，杨绛安慰，"不要紧"；颧骨生疔了，杨绛还是安慰，"不要紧"——事后却都一一妙手解难，杨绛的"不要紧"伴随了钱锺书的一生。钱锺书的母亲感慨这位儿媳："笔杆摇得，锅铲握得，在家什么粗活都干，真是上得厅堂，下得厨房，入水能游，出水能跳，钟书痴人痴福。"

家有贤妻，无疑是钱锺书成就事业的最有力支持。1946年初版的短篇小说集《人·兽·鬼》出版后，在自留的样书上，钱锺书为妻子写下这样无匹的情话："赠予杨季康，绝无仅有地结合了各不相容的三者：妻子、情人、朋友。"

许多年前，杨绛读到英国传记作家概括的最理想婚姻："我见到她之前，从未想到要结婚；我娶了她几十年，从未后悔娶她，也未想过要娶别的女人。"把它念给钱锺书听，钱锺书当即回说："我和他一样。"杨绛答："我也一样。"

思考和讨论：

1.杨绛和钱锺书的爱情是真正的爱情吗?

2.在你的眼中，真正的爱情应该具备哪些要素?

爱情是人生中很重要的情感之一，也是每个人心向往之的。史铁生在轮椅上写出具有穿透时空的话：爱情本身就是希望，永远是生命的一种希望。爱情是你自己的品质，是你自己的心魂，是你自己的处境，与别人无关。这段话让我们看到爱情并非仅仅指凡俗里的卿卿我我，它其实是一个人的内核(品质与精神)，也是自己的经历。《辞海》中关于爱情是这样定义的：爱情是两个人基于一定的物质条件和共同的人生理想，在各自内心形成的对对方最真挚的仰慕，并渴望对方成为自己终身伴侣的最强烈、最稳定、最专一的感情。

二、心理之谜

美国耶鲁大学社会心理学家罗伯特·斯腾伯格提出的爱情理论，认为爱情由三个核心要素组成：激情、亲密和承诺。激情是外在强烈的吸引，是情绪上的着迷；亲密是指在爱情关系中能够引起的温暖体验；承诺是指维持关系的决定期许或担保。这三种要素的不同组合分别构成了喜欢式爱情、迷恋式爱情、空洞式爱情、浪漫式爱情、伴侣式爱情、愚蠢式爱情、完美式爱情等七种类型。

1. 喜欢式爱情

只有亲密。在一起感觉很舒服，但觉得缺少激情，也不一定愿意厮守终生。没有激情和承诺，如友谊。显然，友谊并不是爱情，喜欢并不等于爱情。但在实际生活中，常常有人会把这种感情当作爱情，比如把对异性的欣赏当作爱。

2. 迷恋式爱情

只有激情。认为对方有强烈吸引力，除此之外，对对方了解不多，也没有想过将来。只有激情，没有亲密和承诺，如初恋。第一次恋爱总是充满了激情，却少了成熟与稳重，是一种受到本能牵引和导向的青涩爱情。

3. 空洞式爱情

只有承诺。缺乏亲密和激情，如纯粹为了结婚的爱情。此类“爱情”看上去丰满，却缺少必要的内容，就像俗话所说的，“没有爱情的婚姻是痛苦的”。

4. 浪漫式爱情

只有亲密和激情，没有承诺。这种“爱情”崇尚过程，不在乎结果。这种类型的爱情常常成为很多人玩弄爱情的借口。

5. 伴侣式爱情

只有亲密和承诺，缺乏激情。跟空洞式爱情差不多，这里更多地指的是四平八稳的婚姻，只有权利、义务却没有感情。

6. 愚蠢式爱情

只有激情和承诺，没有亲密。没有亲密的激情常常是空中楼阁，而没有亲密的承诺不过是空头支票。

7. 完美式爱情

这种爱情同时具备三个要素，包含激情、承诺和亲密。只有在这一类型中，我们才能看到爱情的庐山真面目，体验到甜蜜的爱情。

斯腾伯格很聪明，在这些爱情前面都加了一个“式”字，因为在他看来，前面列举的六种都只是类爱情或非爱情，在本质上并不是爱情，只有第七种才是爱情，而我们在现实生活中碰到的类爱情和非爱情的情形实在太多，以至于能够同时具备三要素的爱情已经成为我们追求的理想的爱情状态。

三、心理探索

（一）心理探索营之一

故事续编：夏小绿的爱情

活动步骤：

（1）教师讲述故事的开头，然后给每个小组分发一个信封，信封里的内容如下。

A. 夏小绿是个可爱的高中女孩，张同学是一个相貌帅气的男生，在球场上他是万众瞩目的“明星”，投三分球时，所有女生都会尖叫……

B. 夏小绿是个可爱的高中女孩，她和王同学都很喜欢动漫，两个人在一起有说不完的话，王同学也很善解人意，夏小绿有烦心事也都告诉他……

C. 夏小绿是个可爱的高中女孩，李同学成绩优异，他对夏小绿的帮助很大——辅导她功课，陪她温习。有一次她因生病缺课了，李同学主动给她讲解题目，还带着巧克力……

D. 夏小绿是个可爱的高中女孩，刘同学长相帅气，人缘很好，并且他和夏小绿有很多共同爱好，两个人有说不完的话……

E. 夏小绿是个可爱的高中女孩，陈同学长得不错又幽默风趣，并且善于体谅他人，两个人打扫卫生他总是抢着干，有一次夏小绿生病了，他主动去校医院帮她买药……

（2）续写故事：请大家根据信封的内容将A～E续编成5组完整的故事。

（3）故事呈现：每组学生派一名代表讲述他们组续写的故事，教师提取故事中的关键词进行板书。

A组：激情、迷恋、昙花一现

B组：亲密、喜欢、友谊之花

C组：承诺、单恋、无疾而终

D组：激情、亲密、分道扬镳

E组：激情、承诺、空中楼阁

思考和讨论：

1. 你们组的故事中具备了斯腾伯格爱情三要素中的哪些要素？

2. 这个要素对故事的结局有着怎样的影响？

3. 真正的爱情需要具备什么？

（二）心理探索营之二

案例讨论：匆匆那年

陈寻和方茴在高中是一个班的同学，陈寻属于那种成绩好，家境好，长得帅，人缘好的男生，而女生方茴就完全相反，非常安静，内敛，存在感不强，几乎没和男生说过话，而这反而让陈寻注意到了她。

于是陈寻总是找机会跟她说话，利用自己班长的身份，办活动的时候总是拉着方茴一起参加。接触多了，他越发觉得自己喜欢上了方茴。而方茴也被这个非常有吸引力的男生打动，喜欢上了陈寻。

他们总是利用周末和课余的时间，一起出去玩。他们在一起经历了很多事情：天安门前的表演，学校的运动会比赛，等等。这些都给他们留下了很多美好的回忆，两人的感情逐渐加深。

后来他们进了同一所大学。进了大学之后，他们彼此认识了更多的人，这时另一个女生沈晓棠出现了。她和方茴完全不同，她开朗活泼，漂亮迷人，而且和陈寻在音乐上有共同的爱好。后来两个人在活动中接触逐渐增多，而且她还主动追求陈寻。陈寻也渐渐喜欢上了这个美丽大方的女生。方茴发现端倪之后，打电话给陈寻，问他是不是喜欢对方。陈寻承认了，两人由此分手。

思考和讨论：

1.陈寻对方茴是一种怎样的感情，他们之间是爱情吗？

2.他们的感情和真正的爱情相比缺少了什么？

（三）心理探索营之三

我眼中的爱情

活动目的：帮助学生明确自己对异性的看法，觉察自己的爱情观是如何形成的，以及自己所属的爱情类型。

活动过程：

（1）头脑风暴：请同学们进行自由联想，在一张白纸上用一些词语或图形来表达你心目中理想爱人的特质。教师播放一首轻音乐，让学生在轻松自由的氛围中进行自由联想。

（2）针对你所描绘的心目中理想爱人的每个特质，说出你选择它的理由。

（3）如果因为现实因素的限制，你必须舍弃其中的一个特质，你会放弃哪一个？为什么？再让你放弃一个呢？为什么？

（4）观察你留下来的几个特质，仔细回忆你身边的亲人，有人具备其中的某一个或几个特质吗？这对你有什么启发？

（四）心理探索营之四

爱情拍卖

活动目的：通过活动，帮助成员进一步厘清自己对爱情的认识，进行积极的自我探索，树立并端正爱情观。

（1）拍卖活动：在和异性交往的过程中，你最想要获得什么？分组进行拍卖活动。

a.在PPT上展示10项关于爱情的理由，作为拍卖的项目，可以询问是否有人要补充项目，从而将拍卖的内容进行适当调整。

①可以和他（她）分享生活中的点点滴滴。

②可以和他（她）相知很深。

③可以和他（她）共同建立一个家庭。

④可以因他（她）提携和激励而成长进步。

⑤可以多一个学习伙伴。

⑥可以获得爱和支持的感觉。

⑦可以有他（她）随时随地陪在身边。

⑧生活可以因他（她）变得更有期待。

⑨可以因他（她）而增加生活乐趣。

⑩可以因他（她）而获得安全感。

b.假设每人有10万元，每次叫价以1万元为单位，直至10项内容全部卖完为止。

（2）拍卖完，讨论下列题目：

①每组各买到什么项目？

②为什么会买到这个项目？是自己所需或喜欢的吗？

③根据我们对每一组成员的了解，判断他是否会买该项目，为什么？

④若让你重选一次，结果是否和这次一样？如果不一样，你会如何选？

（3）若以人生目标来看，这些项目内容和爱情价值观是否相同？从整个人生的角度看，工作、爱情、亲情、朋友何者最为重要？

总结：每个人在爱情中寻求的是不一样的，在我们确定恋爱对象之前，我们要先仔细思考我们自己是什么样的人，我们在爱情中想要获得什么，什么样的人会比较适合我们等问题，只有对这些问题有比较清晰的认识，我们才更容易遇到适合自己的爱情。

四、心理拓展

（一）爱的选择

在一次培训中，一位婚姻辅导专家分享了一个她自己的故事。她说自己在生活中，常常问自己的爱人“你爱我吗？”之类的问题。有一次，一家人在一起吃饭，已经上大学的儿子也在场，她又问爱人：“你爱我吗？”她的儿子听到老妈的问题，向她投去了“鄙视”的眼神。她的爱人却很自然地回答：“爱啊。”她又问了一个问题：“你为什么爱我？”这时，她的爱人想了一会儿后回答：“因为这是我的决定。”她一愣，就问：“决定是什么意思？”她的爱人回答：“如果我爱你是因为你漂亮，在我的生活中，还会出现比你更漂亮的，那时我就不爱你了吗？如果我爱你是因为你聪明，在我的生活中，还会出现比你更聪明的，那时我就不爱你了吗？如果我爱你是因为你能干，在我的生活中，还会出现比你更能干的，那时我就不爱你了吗？……”她说，当她听完这一系列排比句式的回答，她觉得听到了最满意的答案。

（二）中学生恋情的五大特征

1.朦胧性

正是那种说不清、道不明的感觉，使得少男少女之间的感情具有着独特的朦胧性。之所以说它朦胧，是因为畅游在青春小河里的青少年，还没有懂得什么是真正的爱。真正的爱不仅仅是一种情感，更是一种责任和义务，是一辈子的承诺和关怀。它还包括包容和牺牲。而此时的你们有能力承担起这份爱的重任吗？有的青少年只是把对某个异性的好感当成了爱，也许你只是喜欢他的外貌，你只是忘不了他的声音、他打球的动作、他走路的样子，甚至是他穿在身上的那一件外套；你只是钟情于她的笑容、她的眼神、她的舞姿，甚至是她飘逸的长发。很多中学生的恋情由外貌的吸引开始，往往因为新的更吸引人的外貌出现而结束。

2. 单纯性

他们认为爱情至高无上，甚至将爱情当作一切，将爱情神圣化、纯粹化，根本不管其他因素。一旦发现有人把爱情与经济状况、社会地位等相联系，就认为这种爱情不纯洁了。这种只讲爱情不讲其他条件的单纯性的恋爱观，在现实生活中肯定是行不通的。“存在决定意识”“物质决定精神”，这是唯物主义哲学的基本观点。对于成年人来说，谈恋爱、找对象，感情并不是唯一的因素，还有其他方面要考虑，但是青少年在发生恋情时却对这一切毫不考虑。

3. 冲动性

他们在恋爱过程中，往往凭自己的情感来左右自己的行为，经常感情用事，不太考虑自己应该注意什么和遵守什么，应该承担什么责任或义务，往往只顾眼前不管以后。只要对方在某些方面符合自己的要求，就很投入，甚至不顾一切；而一旦出现矛盾，便很快翻脸，甚至分手。这种缺乏理智、太情感化的恋爱必然面临很多矛盾，使双方的关系不时出现裂痕。

4. 盲目性

他们往往只凭自己的情感需要或某些感觉或某些看法而开始恋爱，几乎没考虑自己应找哪一种人，不该找哪一种人，带有很大的盲目性。有的同学只是为了排遣内心的烦闷与孤独；有的同学是为了面子（如认为别人都在谈恋爱而自己没谈就很没面子）；也有的同学甚至只是为了好玩和好奇而谈恋爱；还有的同学的行为近乎欺骗，一旦达到目的就见异思迁，轻易结束恋情，根本不是为了真正的恋爱甚至婚姻。这种盲目性常常使他们的恋爱没有方向，甚至陷入许多误区。

5. 不稳定性

青春期是人生重要的成长时期，也是生理和心理发生急剧变化的时期。随着年龄的增长和社会阅历的增加，青少年的理想、志趣、爱好、性格等都会发生很大的变化。这些变化很可能影响爱情的巩固和发展。很多事实也表明，早恋的人往往并不能永结同心，和你一起慢慢变老的那个人往往并不是你青春期爱慕的对象，“永远爱你”只不过是早恋时的天真幻想和一句难以实现的空话罢了。

（三）友情、恋情和爱情的区别

友情是一种基于相互帮助和支持的长期关系。它不受特定对象的限制，可以广泛地存在于不同的人群之中。友情的稳定性可能因个人生活变化而波动，但当双方都愿意维持这份关系时，它可以非常牢固。情感体验上，友情通常带来快乐和满足感，因为朋友间的相互理解和支持能够带来正面的情感反馈。

中学生恋情则是一种较为年轻和探索性的情感体验。由于年龄和经验的限制，中学生在恋爱中可能对目的和对象的选择不够明确，这导致恋情的稳定性和情感体验都充满不确定性。中学生的恋情可能时而甜蜜，时而苦涩，反映了他们对情感的探索和成长过程。

爱情则是一种更为成熟和深刻的情感联系，通常以建立长期伴侣关系或婚姻为目标。在爱情中，对象是唯一的，双方承诺对彼此的忠诚和专一。这种关系的稳定性较高，因为它建立在深厚的情感基础和相互承诺之上。情感体验通常是甜蜜和满足的，因为双方在共同生活中不断加深了解，相互扶持，共同面对生活的挑战。

参考文献：

[1]罗伯特•斯滕伯格．爱情是一个故事：斯滕伯格爱情新论[M]．北京：世界图书出版公司北京公司，2016.

[2]解保军，李锐．弗洛姆对人类生存问题的解答——弗洛姆

《爱的艺术》述评[J]. 理论探讨,2005(2):47-49.

好书推荐:《爱情心理学》,古吴轩出版社2016年版。

影片推荐:《匆匆那年》。

和谐亲子关系的秘籍

亲子关系是青少年三大社会关系（亲子关系、师生关系、同伴关系）中最重要的关系，是人类情感中最为浓厚、温馨、亲密的关系。理想中的亲子关系应该是充满慈爱和孝顺的，但在现实中却往往显得脆弱不堪，这或许是由于亲子之间的沟通出现了偏差。因此为了构建和谐、稳固的亲子关系，我们需要更加深入地理解彼此，倾听对方的心声，寻找更加有效的沟通方式。

美国心理学家卡尔·卢森堡毕生致力于指导人们在工作和生活中运用非暴力沟通方式，消除分歧和争议。非暴力沟通方式可以帮助沟通双方改善不良的说话和聆听方式，有效克服负面情绪的影响并确保沟通的疗愈作用。因此，如果指导学生学会将非暴力沟通方式融入亲子交流，那么亲子之间的冲突会慢慢减少，亲子关系也会变得更加和谐。

一、心理导航

剪短了的裤子

美国幽默大师马克·吐温要去一所大学演讲。在演讲前的晚上，他发现新做的裤子右边短了一小截，但此时裁缝铺早已关门，看来第二天只能凑合着穿了。这种状况被他的妈妈、妻子和女儿看在了眼里。深夜，马克·吐温已经睡着，但他的妈妈、妻子和女儿却怎么也睡不着，她们都深爱着马克·吐温，惦记着他那条“短腿”裤子。于是半夜里妈妈为了不吵醒别人，悄悄地爬起来，摸黑找到了那条裤子，剪了剪，缝了缝，然后满意地睡觉去了。过了一会儿，妻子也起来摸黑剪短了左裤脚。又过了一会儿，马克·吐温的女儿也起来了，她很爱爸爸，不想让爸爸穿着不合适的裤子去演讲，于是她也像奶奶、妈妈一样，偷偷剪短了那条裤子的左裤脚。

第二天早上，妈妈、妻子和女儿很高兴地看着马克·吐温穿上裤子，但是她们全都呆住了，因为她们看到左边的裤腿短了一大截。马克·吐温也愣住了，当他知道了事情的原委后，爽朗地笑了起来，并穿着这条裤子去了会场。到场后他还没开始说话全场就爆笑如雷，但是大师很镇定地开始了当天的演讲，他将演讲的题目即兴修改为“爱与沟通”。

思考与讨论：

1.马克·吐温为什么会将演讲的题目修改为“爱与沟通”？

2.你的父母用什么方式来表达对你的爱？你有什么感受呢？

3.良好的亲子沟通对个人成长和家庭关系有哪些积极影响？

亲子沟通不仅深刻影响着亲子间的情感，更是我们心理健康成长的坚实基石。当我们在与父母的沟通中流露出真诚与尊重时，这有助于促进亲子关系的和谐与融洽。因此，我们应该珍视每一次与父母的沟通机会，用心倾听他们的声音，坦诚地表达自己的感受和需求。我们应该携手努力，让亲子沟通成为连接我们与父母之间深厚情感的坚实桥梁。只有这样，我们才能共同成长，让心灵得到健康发展，为未来的幸福奠定坚实的基础。

二、心理之谜

亲子沟通是指父母与孩子之间通过语言、文字、表情、肢体等方式进行的交流，用来表达情感、需求、意见和想法等，建立联系和理解的过程。亲子沟通在家庭中扮演一个重要的角色，对于促进家庭成员之间的和谐关系和增进家庭温馨氛围非常重要。不良亲子关系的最大特点就是父母与孩子之间没办法很好地沟通交流，导致相互很难理解，所以学会掌握非暴力沟通的技巧，向父母真诚地表达自己的需要是改善亲子关系的关键。

非暴力沟通的四个核心要素：观察、感受、需要和请求。

(1) 观察：我们需要客观地描述观察的事实，避免加上自己的主观评判。通俗地说，也就是描述我们此时此刻看到的是什么。比如父母有事情没和你商量，有些同学会直接说："妈妈，你们总是自己决定，从不过问我的意见。"这里使用的"总是""从不"是一种评论性的语言而不是观察后的结论，我们可以换一种说法："妈妈，你刚刚决定的事情没有问过我的意见。"

(2) 感受：根据我们看到的事情表达我们的感受，让父母了解我们的内心世界。比如说："如果你这样的话，可能会让我有点失望。"表达感受需要练习，我们可以建立自己的感受词汇库。

如当需要得到满足时，可以用以下词语来表达感受:

兴奋，喜悦，欣喜，甜蜜，感激，感动，温暖，精力充沛，乐观，自信，振作，振奋，开心，高兴，放心，兴高采烈，快乐，愉快，幸福，陶醉，满足，欣慰，安全，心旷神怡，平静，自在，舒适，放松，踏实，无忧无虑，喜出望外。

如当需要没有得到满足时，可以用以下词语来表达感受：

害怕，担心，焦虑，忧虑，着急，紧张，忧伤，心烦意乱，沮丧，灰心，气馁，泄气，绝望，伤感，凄凉，心神不宁，悲伤，难过，恼怒，愤怒，烦恼，苦恼，生气，精疲力尽，厌烦，不满，不快，震惊，失望，困惑，茫然，萎靡不振，孤独，郁闷，悲观，沉重，遗憾，麻木，尴尬，疲惫不堪，寂寞，惭愧，内疚，妒忌，不舒服，不耐烦，不高兴，昏昏欲睡，无精打采。

(3) 需要：感受源于我们自身的需要，在说出自己为什么会产生那样的感受后，我们要明确表达自己内心有哪些需要。比如："我希望你能够理解我，给我一点时间让我可以改变。"

(4) 请求：根据自己的需要，提出具体的请求，明确地告诉父母，你期待他们做些什么。在提出请求时，需要注意两点：一是积极正面，告诉父母，你希望他们做什么，而不是不让他们做什么；二是具体明确，也就是说要有具体的行动，可操作性强。比如："我希望你多多倾听我诉说的烦恼。"

根据非暴力沟通的四个核心要素，我们来看一个例子。比如父母说："都快考试了，你怎么又在看手机？"你们通常会怎么回应呢？有的同学会说"我才刚看一会嘛""好烦啊"，或者砰的一声直接关门，这些都是暴力沟通，而父母下一步的回应可能就会与我们发生冲突。

此时此刻，我们如果用非暴力沟通的方式就能避免冲突的发生。你可以试着这样说："妈妈，我知道你担心我玩手机太久影响学习。但你这样说我，让我有点难受，其实我一直都在认真学习，现在只是想稍微放松一下，我希望你可以给我一点时间放松一下。"

我们不妨在日常生活中多运用非暴力沟通技巧，根据自己的观察、感受、需要、请求来表达自己，让自己和父母的相处更加融洽。

三、心理探索

（一）心理探索营之一

亲子沟通"平衡轮"

指导语：同学们，来给自己的亲子沟通"平衡轮"（见图5-3）赋分（1～10分）吧。选一种颜色的彩笔填涂各项（一格一分），并在横线上填写自己独特的沟通技巧。

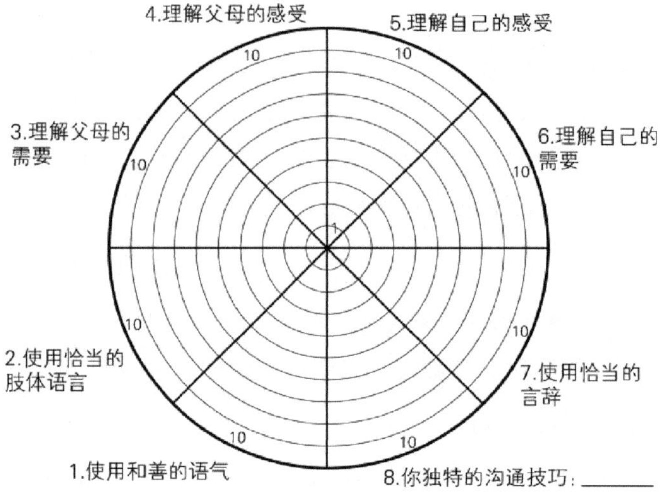

图5-3　亲子沟通“平衡轮”

思考与讨论：

1.你与父母独特的沟通技巧是什么？

2.你对最终的评估结果有什么感受或想法？

3.根据评估结果，设定改进的目标，并制订具体计划。

（二）心理探索营之二

当你拥有读档重来的能力时

请根据自己的真实情况，一起来完成以下问题。

（1）你最近一次与父母发生语言或肢体冲突是什么时候？

（2）当时是怎样的场景？

（3）你采用的是什么样的沟通方式？你的感受是什么？

（4）如果你可以读档重来，采用非暴力沟通方式，你会怎么说？

（5）读档重来后会有什么结局？你的感受会有什么样的变化？

（三）心理探索营之三

非暴力沟通练习室

活动目的：通过游戏，学生学会运用非暴力沟通方式，感受非暴力沟通的作用。

活动步骤：

（1）指导语：每个人抽取一张卡牌，卡牌上方分别写了场景一、场景二、场景三、场景四、场景五和场景六，卡牌中间写了不同角色：旁白、家长、孩子A、孩子B、观察者。抽取到同一场景的同学组成一个小组，请各位同学找到自己小组对应的位置围成一个圈坐好，并向小组成员展示你们各自的角色。

①场景一：小华是一名初中生，非常喜欢玩手机和电脑游戏。但是，他的父母担心他沉迷于电子产品，影响学习和身体健康，所以设定了每天的使用时间。然而，小华在玩游戏时经常超过这个设定时间，导致他与父母之间产生了冲突。

②场景二：小丽是一名高中生，学业繁重，每天都有大量的作业。她感到压力巨大，而她的父母则期望她能够取得更好的成绩，进入一所好的大学。然而，小丽觉得父母的期望过高，她无法承受这种压力，导致亲子关系紧张。

③场景三：小杰是一名初中生，他喜欢追求时尚，经常尝试不同的穿着风格。然而，他的父母觉得他的穿着过于前卫，不符合他们的审美观念，经常为此与他发生争执。

④场景四：小芳是一名高中生，她希望能够参加一些社交活动，结交更多的朋友。但是，她的父母担心她会在这些活动中受到不良影响，所以对她参加的活动有严格的限制。这导致小芳感到被束缚，与父母产生了冲突。

⑤场景五：小红是一名高中生，她有自己的手机和社交媒体账号。她希望有私人空间，不愿意父母随意查看她的手机内容。然而，她的父母担心她接触不良信息，坚持要定期检查她的手机内容。这导致小红感到非常不满和

不被信任。

⑥场景六：小玲是一名初中生，她经常向父母索要额外的零花钱，用于购买自己喜欢的衣物、零食或玩具。然而，她的父母认为她花钱大手大脚，不知道节制，经常因此与她发生争执。小玲觉得父母不理解她的需求，而父母则担心她会养成乱花钱的习惯。

（2）指导语：每位同学已经确定好各自的角色了，现在给大家五分钟时间准备，同学们可以根据自己的角色要求自行设计台词，之后各个小组需要依次上台进行场景再现。要求如下：

①孩子A采用暴力沟通的方式和家长沟通。

②孩子B采用非暴力沟通的方式和家长沟通。

③观察者在看完小组表演后表达自己的感受和看法。

（3）每个小组上台进行场景再现，表演时间为3～5分钟。

思考并讨论：

1.你在表演自己的角色时，是如何进行创作和展示的？

2.你表演后的感受是什么？

3.你观看表演后的感受是什么？

4.通过表演或观看表演，你更加喜欢哪种沟通方式？为什么呢？

四、心理拓展

（一）沟通误区

《非暴力沟通》一书中提到了四种常见的沟通误区，即道德评判、进行比较、回避责任和强人所难，这些都是我们在日常沟通中容易出现的不良沟通习惯。

（1）道德评判：这是一种以个人的道德标准来评判他人行为的沟通方式。在道德评判中，我们往往会说“你应该”或“你不应该”这样的话，把自己认为正确的行为标准强加给对方。这种沟通方式容易让对方感到被指责和不被理解，导致沟通陷入僵局。

（2）进行比较：进行比较是一种常见的沟通误区，我们常常会不自觉地将自己或他人与他人进行比较。例如，“你看看别人，再看看你”或“你做得还没有他好”。这种沟通方式容易让对方感到自卑和沮丧，破坏沟通的积极氛围。

（3）回避责任：回避责任是指在沟通中不愿意承担自己的责任，常常用“都是你的错”或“我没办法”等话来推卸责任。这种沟通方式不仅无法解决问题，还会让对方感到无助和愤怒，导致沟通的破裂。

（4）强人所难：这是一种沟通误区，它指的是在沟通中要求对方做出超出其能力或意愿的事情。例如，“你必须按照我说的去做”或“你只有这样做才能让我满意”。这种沟通方式容易让对方感到压力和束缚，导致沟通关系紧张。

为了避免这些沟通误区，我们可以学习非暴力沟通的方式，通过表达观察、感受、需要和请求来与他人建立更加和谐的关系。

（二）萨提亚冰山理论与非暴力沟通

美国知名家庭治疗师萨提亚，在家庭治疗的基础上提出了冰山理论。萨提亚把人的内心比喻为一座冰山，表面上我们只能看到冰山的一角，也就是人们的行为和情绪表现，而冰山的大部分则隐藏在水下。

萨提亚冰山理论用于揭示人类内在世界的复杂性和更深层次的结构。萨提亚强调通过深入探索和了解自己的内在状态，人们可以更好地理解自己的需求和渴望，从而实现自我成长和改变。非暴力沟通则是一种强调尊重与理解的沟通方式，它要求我们在沟通时用心倾听他人的感受和需求，并诚实地表达自己的观点和意见。

萨提亚冰山理论为非暴力沟通提供了理论基础。当我们意识到每个人的内在世界都是如此丰富和复杂时，我们就会更加理解和尊重他人的行为和反应。这种理解和尊重是非暴力沟通的前提和基础。同时，通过萨提亚冰山理论的指导，我们可以深入地探索自己的内在世界，我们也能更清晰地了解自己的感受和需求，从而更有效地运用非暴力沟通方式与他人交流。

（三）亲子沟通妙招

家是我们成长的摇篮，其重要性不言而喻。而家庭成员之间有一个良好的沟通习惯是构建和谐家庭氛围的关键所在。然而，不少同学在与父母沟通的过程中会遇到一些困惑和烦恼。其实，与父母有效沟通的秘诀在于尊重、理解和信任他们。以下是一些亲子沟通小妙招。

1.相互尊重

在幼年时期，父母是我们成长道路上的重要支撑。然而，随着岁月的流逝，我们开始形成自己独立思考的习惯，有时甚至会与父母产生分歧和争执。我们渴望得到父母的尊重，但尊重是相互的，我们应该先尊重父母。

尽管我们可能无法完全接受或认同父母的某些观点或表达方式，但大多数情况下，他们的初衷都是出于对我们的关爱和期望。在与父母沟通时，如果我们能够展现出更多的耐心和理解，甚至尝试站在他们的角度看待问题，让他们感受到被尊重和需要，那么我们与父母的关系将会更加融洽。

2.情绪管理

掌握情绪管理的艺术，别在情绪激烈时与父母争论。在与父母交流时，尽量保持冷静和理智，避免在情绪失控时发脾气或说出伤人的话。当你感到愤怒或激动时，可以尝试深呼吸、暂时离开现场或进行一些放松的活动来平复情绪。只有在冷静的状态下，我们才能更好地和父母沟通，理解对方的想法，找到双方都能接受的解决方案。

3.情感交流

很多时候，父母之所以无法理解我们的选择，是因为我们没有主动向他们分享自己的感受和想法。因此在日常生活中，我们可以选择一个合适的时刻，与父母分享我们在学校与老师和朋友们相处的点点滴滴。那些欢乐的瞬间、感动的时刻以及那些小小的烦恼，都能加深我们之间的联系，让家成为我们情感的港湾，让父母成为我们心灵的依靠。

4.耐心倾听

当父母对你表达批评或不满时，我们不要急于反驳或逃避，静下心来，耐心倾听他们的观点和担忧，试着站在他们的角度理解他们的期望和关切，通过认真倾听和沟通，减少争执，从而建立更加和谐的家庭关系。

5.真诚致歉

随着年龄的增长，我们的自我意识逐渐增强，我们渴望被当作成熟的大人对待，也开始在意自己的自尊。然而，若是我们明明知道自己犯了错，却仍然固执地不愿承认，甚至选择逃避，这无疑会让深爱我们的父母感到心痛和失望。当我们犯了错误或行为不当时，要勇敢地承认错误并向父母道歉，用真诚的态度和悔过的决心向他们表达歉意，让他们感受到我们的成长和进步。

6.承担责任

展示我们成长的一种方式，就是学会承担责任。或许在大事上我们尚显稚嫩，但从小事做起，同样可以展现出我们的成熟与决心。我们可以从日常琐事做起，如洗碗、擦窗、打扫卫生，与父母一同参与这些家务，不仅能培养我们的责任感和独立性，还可以与父母建立更加紧密的联系。

7.协商解决问题

遇到问题时，不要急于逃避或对抗，学会与父母进行开放和诚实的探讨，共同寻找解决问题的最佳方案。通过协商和妥协，我们可以更好地处理分歧和冲突，让家庭关系更加和谐融洽。

为了建立更加和谐的家庭关系，我们应该多表达自己的想法和感受，多站在父母的角度思考问题。这样，我们不仅能增进彼此的理解，还能让家庭更温暖、更幸福。

参考文献：

[1]郭霖，张美华，曾婧，等．人际沟通与公众表达[M]．重庆：重庆大学出版社，2018.

[2]马歇尔•卢森堡．非暴力沟通[M]．阮胤华，译．北京：华夏

出版社,2016.

[3]杨文静.沟通不阻“爱”:初中生亲子沟通心理辅导活动课[J].中小学心理健康教育,2023(9):31-34.

好书推荐:《非暴力沟通》,华夏出版社2016年版。

影片推荐:《非常父女档》《银河补习班》《你好,李焕英》。

生命成长

让生命之花更加绚烂

弗兰克尔认为，生命的意义是指人们对自己生命中目标的认识与追求，即每个人的生命中都有一些核心的目标，人们需要对自己将要做什么有一个清晰的认识，并为实现自己的价值而努力。尊重生命，包括尊重他人、尊重自己，以及尊重生命本身。我们应该认识生命、珍惜生命、敬畏生命、欣赏生命，同时提高生存技能，提升生命质量，让生命之花绽放得更加绚烂。

一、心理导航

生命的价值

A同学：进入高中以后，我的成绩在班级里总是名次靠后，在班级里我也没有什么朋友，每天都是一个人独来独往，每天都坐在教室里，但是就是学不进去，感觉自己什么都不如别人，我真的不知道学习是为了什么，我甚至觉得每天都是灰色的，我感觉找不到自己生命的价值。

思考与讨论：

1.故事中A同学的困惑是什么？对你有什么启发？

2.你是否也像A同学一样，感觉自己的学习和生活黯淡无光，无法接受？

3.面对生活和学习里的无助，你是否曾经对生命的价值发出或多或少的疑问？

天地万物都有着自己的生命，无论是花草树木、飞禽走兽，还是一滴小水珠。每一个生命都如同一个命运精灵，在自己的生命世界里进行着一次又一次的轮回，从诞生到成长、成熟，直至衰亡。我们的人生也是这样，在生命的进程中，我们不断地经历得到和失去，我们也会思索生命究竟是什么，生命的真谛何在。生命教育也已成为青少年思想素质教育中一个刻不容缓的全新教育课题。

二、心理之谜

（一）生命发展阶段

（1）认识生命。人类生命是一种独特的存在，包含自然生命、社会生命和精神生命。自然生命是有限而宝贵的，具有偶然性的开始和必然性的结束。社会生命强调个体对社会的影响力以及影响范围，而精神生命是人的思想和精神世界，是人类区别于其他物种独有的特征，相对于自然生命的有限性来说，社会生命和精神生命又具有无限性。

（2）敬畏生命。每一个生命作为大自然中的一员，都应该得到尊重。因为生命是自然界中最为神奇的创造，每个人的生命都是宝贵的，任何人都没有权利随意伤害自己和他人的生命。每一个生命都有自身的价值和尊严，我们对待生命应该有敬畏之心。

（3）珍爱生命。珍爱生命即对生命的珍惜和爱护，正确地对待生命，正确地看待死亡，认识到生命的珍贵和独特，这不仅包括对一切生物体的珍爱，对自身生命的保护，还包括对他人和大自然的热爱。同时，我们要掌握生存的基本知识和技能，在遇到困难和挫折的时候，正确调节情绪，保持积极心态，珍爱精神生命。生命是不可替代的，它是实现其他一切价值的前提和基础。生命的唯一性、不可逆性和不可替代性决定了生命无比珍贵。

（4）发展生命。发展生命主要是指生命的全面、自主和可持续发展。发展生命是在敬畏生命、珍爱生命的基础上，拓宽生命的长度和深度，提升生命的意义，促进个人成长。

（5）超越生命。超越生命主要体现在精神层面和社会层面，在正确认识自然生命和生命意义的基础之上，挖掘生命的潜能，真正实现生命的价值。

（二）生命的意义

关于生命的思考和探索，最终都会指向一个问题，那就是人为什么而活，也就是生命的意义是什么，我们存在的价值是什么。这些问题尤其困扰着那些处于迷茫、孤独、痛苦中的人，他们常常会问：生活如此艰难，我存在的意义是什么？这也是近年来高中生抑郁、自伤、孤僻等心理问题逐渐低龄化、数量增加的原因之一。人的生命和健康有着重要的价值，没有了生命和健康也就没有生命的意义，也就失去了存在的价值。人本主义心理学家马斯洛根据需要层次理论提出人的需要是激励个体行动的主要动力之一，人们在逐步满足从低到高的需要过程中，获得生命的意义，最终达到最高层次的自我实现的需要。在自我实现的状态下，人们对周围世界的体验会越发开放，表现出更多的自主性。马斯洛的需要理论表明了人的生命绝不仅仅满足于生存，而是力图探寻生命更高层面的价值和意义。

生命意义能够持续地预测心理健康，"生命意义实现感"程度是衡量心理健康的标准之一。心理学研究发现，在生命意义和情绪健康之间存在着明显的正相关关系：一个人对生命意义的认知越清晰，其心理健康水平往往越高。在面对学习和生活中的各种压力时，如果不懂得合理发泄和释放，心理承受能力较低，就容易诱发心理障碍和困惑，导致情绪失调。这种情况下，人们对生命的态度就会显得很消极，甚至会做出伤害生命的行为。因此，要学会自我调节，缓解心理压力，有效地化解不良情绪，努力使自己保持心态平和，从而促进身心的健康发展。在遇到困难和挫折时，我们应勇敢面对，战胜困难和挫折，发展和超越自我，从而感受自己生命的能量和意义，而不是选择退缩，否定自己，甚至一味地怀疑生命的意义。

高中生正处于自我认同的重要阶段，学习压力大，容易产生心理冲突。高中生的重要任务之一就是学习，生命意义感不仅与学习习惯、学习动机、学习成绩等密切相关，还与个体的身心健康、精神状况和积极情绪等密切相关。相关研究表明，人们生活中的意义感越强，他们在人生的各个阶段更容易体验到更大的幸福感。作为一种积极的心理资源——生命意义感，可以有效地帮助高中生提高学习效率，顺利度过人生的关键阶段。

三、心理探索

（一）心理探索营之一

畅想人生

指导语：请同学们以舒适放松的姿势坐好，然后闭上眼睛。想象在你的眼前，出现一长串数字，它代表着你的财富。现在，你的眼前出现数字1，它代表着你的健康；数字1后面出现了一个0，它代表你生命中最爱的人，比如你的父母、家人或亲密的朋友；数字0后面又出现了一个0，它代表着你的人生理想，比如成为一名医生，救死扶伤。你每想到一个美好愿望，数字后面就又多了一个0，它们伸向远方，无穷无尽。在你的想象中数字1和0非常清晰，它们代表着你已经拥有了自己想要的一切，你沉浸在快乐中。现在请同学们慢慢睁开眼睛，带着这份美好的感受回到现实。

思考：

请你在生命愿望卡上写下你最想实现的三个愿望。

（二）心理探索营之二

生命的抉择

指导语：请同学们认真看看自己愿望卡上的三个愿望，现在假设我们的生命只剩下十年的时间，在这十年里，我们无法实现我们所有的愿望，请你认真审视你愿望卡上的愿望，现在你必须划去一个愿望，划去的愿望你今生都无法实现它。假设我们的生命再次缩短，我们的生命只剩下一年的时间，请同学们再次做出选择划去一个愿望，虽然你很不舍，因为它将再也无法实现。生活总会充满意外，假设我们的人生只剩下最后一天了，我们连那仅剩下的一个愿望都无法实现，请再把最后那一个愿望划去。

思考与讨论：

1.你最想实现的三个愿望是什么？

2.每划去一个愿望时你内心的感受如何？

3.我们实现所有愿望的前提是什么？

（三）心理探索营之三

撕一撕："生命的长度"

教师为每位学生分发事先准备好的"岁月纸条"，假设纸条的长度代表一个人从0岁到100岁的完整人生。请同学们找到自己现在的年龄，然后把前面的部分撕掉。再找到自己想要活到的年龄，把后面的部分撕掉。一天有24小时，我们的睡觉时间通常是8小时左右，大约占了一天时间的1/3，吃饭、聊天、看电视、发呆等活动大概又占了一天时间的1/3，这样一来，真正能用来做有意义的事的时间大约只占一天时间的1/3。请同学们将剩下的纸条折成三等份，观察手中剩下的纸条长度。

思考与讨论：

1.这个活动给你带来怎样的感受和启示？

2.如何将对生命意义的思考运用到生活中去，怎样让有限的生命焕发无限的光彩？

四、心理拓展

生命教育的一个重要使命是培养学生的生命意义感。青少年期是个体生命意义感形成的重要阶段，高中生开始积极探索生命的意义和自己未来的发展方向。对于高中生来说，生命教育中生命意义感的培养除维护心理健康、提升幸福感外，对激发他们的学习动机和提升学习成绩也有一定的作用。

心理健康水平高的学生更容易接受生命教育，珍惜生命；接受生命教育有助于提高学生的心理健康水平，减少心理问题的发生。心理健康与生命教育相互影响，共同促进学生的全面发展和成长。

马斯洛需要层次理论认为个体有从低到高不同层次的需要，在满足这些需要的过程中可以体验强烈的生命意义。其中，自我实现是最高层次的需要，属于成长性需要，也就是在追求自我实现的过程中个体会经历“高峰体验”，从而获得丰富而深刻的生命意义。

弗兰克尔的生命意义理论指出，个体基本动机之一就是追寻生命的意义。同时，该理论还强调生命意义具有个体差异性，不同的人对生命意义的体验是不同的。Park 等人提出的生命意义感建构模型认为，生命意义感主要包括两个部分：整体意义和情境意义。整体意义是指个体对人生的总体认知，包括人生的目标、憧憬、世界观等；情境意义是指个体在特殊情境下对人生的思考，包括评估整体意义与情境意义之间的关系。当个体发现整体意义和情境意义不一致时就要对生命意义感进行重新建构。随着积极心理学的发展，有学者从积极心理学的角度去探讨生命意义感。生命意义感包括人生意义感知和生命意义追寻两个维度。人生意义感知是指认知层面的感知，而生命意义追寻是指动机层面对人生目标的追寻。只有不断地追寻生命意义感，个体才能体验生命的完满感。

研究表明，个体的生命意义感越高，就可以体验越多的幸福感。从个体认知维度来看，感恩意愿高的个体往往生命意义感水平也高，并且，感恩意愿高的个体可以获得较高的核心自我评价，也就是说懂得感恩可以提升个体的认知灵活性，对自己形成积极的认知偏好，从而能够积极正面地评价自己，采取积极的生活态度来获得较强的生命意义感。青少年的生命意义感与幸福感之间存在明显的交互作用，个体的生命意义感可以正向预测其幸福感水平。个体生命意义感的发展同样离不开家庭因素的影响，处于和谐、温暖家庭氛围中的个体，生命意义感普遍更强烈。家庭凝聚力可以显著预测生命意义感，而家庭社会阶层和家庭经济状况也与个体生命意义感密切相关。社会层面的研究表明，社会支持能够促进中学生生命意义感的发展，且正向预测其生命意义感水平；同样，乐观的心态能够在社会支持和生命意义感的关系中起中介和调节作用。同时，生命意义感的增强可以改善个体的人际关系，而良好的人际关系也能够促进其生命意义感，二者之间具有双向预测作用。

参考文献：

[1]程明明，樊富珉．生命意义心理学理论取向与测量[J]．心理发展与教育，2010(4)：431-437．

[2]李天贽，沈梦．大学生自我超越生命意义与心理健康的关系研究[J]．现代商贸工业，2019(35)：89-90．

好书推荐：《热爱生命》，江苏凤凰出版社2022年版。

影片推荐：《当幸福来敲门》《疯狂的动物城》。

与挫折同行

在人生的道路上，我们都渴望一帆风顺，事事完美。但众多心理学研究却揭示了一个事实：过度追求完美，尤其是对错误的零容忍态度，往往会导致抑郁和焦虑。

完美主义很多时候如同一道沉重的枷锁，让人们在追求完美的路上疲惫不堪。生活本就是一段充满不确定性的旅程，错误和失败在所难免。那么我们是否应该换一种心态，去拥抱那些看似不完美的瞬间呢?

哈佛大学的一项研究为我们提供了新的视角。心理学家们探索了人们对错误的不同态度及其对他们在公众演讲中的影响。实验中的三组参与者分别代表了三种不同的心态：完美主义、自我原谅和好奇开放。结果显示，那些被鼓励接受错误、以好奇和开放的心态对待错误的参与者在演讲中表现得最为自如，赢得了观众的最高赞誉。他们没有被“完美”的包袱所束缚，而是全身心地投入表达，勇敢地探索未知。

所以，错误并不是洪水猛兽，我们不必为此感到羞耻和恐惧，相反，错误是激发我们创造力和探索精神的源泉。当我们以开放和好奇的心态去面对错误时，就会发现，原来错误并不可怕。

一、心理导航

刘翔——逆境中的飞跃

刘翔是中国田径史上里程碑式人物，他以在110米跨栏项目的卓越表现征服了国内外观众的心。他的速度与激情不仅赢得了无数粉丝的狂热支持，更在2004年雅典奥运会上以12.91秒的惊艳成绩打破了世界纪录，摘得金牌，为中国田径书写了辉煌的一页。

然而这位田径巨星却在下一届奥运会上遇到了职业生涯中巨大的挑战。2008年，北京奥运会在亿万国人的期待中拉开帷幕。刘翔作为卫冕冠军肩负着在家门口再次为国争光的重任，然而首轮比赛的哨声尚未响起，他却因跟腱伤痛而无奈退赛。这一幕让无数观众的心为之揪紧，他的退赛成为那届奥运会最令人痛心的瞬间。

伤病对于运动员而言是职业生涯最大的敌人。刘翔所面对的不仅仅是肉体的疼痛，更有来自公众的质疑与批评。但他没有屈服于困境，而是选择了勇敢面对。伤愈后他毅然重返赛场，尽管无法重现巅峰状态，但他那不屈不挠、勇于挑战的精神却深深地打动了每一个人。

人生之路，充满坎坷与挑战。刘翔的故事告诉我们，即便遭遇失败和挫折，也绝不能放弃对梦想的追求，无论遭遇何种困境，只要我们保持坚定的信念和积极的心态就一定能找到通往成功的道路。

思考与讨论：

1.挫折和失败在人生中扮演着怎样的角色？它们如何影响我们的个人成长？

2.你曾经经历过哪些挫折？你是如何面对和克服它们的？

3.我们应该如何看待这些挫折和失败？这种态度对我们的心态和行动有何影响？

挫折和失败是成长道路上不可或缺的一部分，它们如同锻炼我们内心的磨石，帮助塑造我们的性格和增强我们的抗压能力。在高中生涯中，每个人都会不可避免地会遇到挑战和困难，如学业上的难题、人际关系的冲突、自我期望与现实之间的差距等。但这些困难和挑战并不是障碍，而是我们通往成熟和智慧的必经之路。请记住，每一个伟大的成就，往往孕育于无数次的尝试与坚持之中。

二、心理之谜

在这个竞争激烈的社会中，失败似乎成了一种让人避之不及的可怕存在。我们渴望生活的方方面面都能顺风顺水，然而现实却常常充满了无法预知的挑战和变数。失败和挫折其实是我们共同的经历，是我们成长道路上的常态。

谈及失败，我们或许会回想起那些付出很多努力却未能如愿以偿的时刻。比如，为了高考而日夜苦读，最终却未能踏入理想的大学校门；精心准备加入心仪的社团，却在面试中铩羽而归。在这些瞬间，我们可能会觉得所有的努力都化为了泡影，陷入失落和挫败之中。

但事实上，失败与成功其实是相互依存的。心理学家阿特金森曾提出一个有趣的观点：我们追求成功的动力来源于两个方面——一方面是追求成功的渴望，它驱使我们不断向目标迈进；另一方面则是对失败的恐惧。然而，这种恐惧需要适度，当我们过度恐惧失败而选择逃避，我们实际上剥夺了自己从失败中学习的机会，也失去了成功的可能。

失败会打击我们的自尊心和自信心，让我们感到痛苦、羞愧和沮丧，人人如此，可是如何面对失败，却决定了我们可以成为什么样的人。

从心理学的角度来看，失败其实是一笔宝贵的财富。它为我们提供了一个难得的学习机会，帮助我们认识自己的不足并提升我们的能力和见识，当我们经历了别人没经历过的失败，是不是也等于看过了别人没看见过的风景呢？失败可以使我们变得更加坚韧、更加智慧，也更有可能在未来遇到的挑战中取得成功。那么我们应该如何正视失败呢?

（一）自我接纳与自我同情

想象一下，当我们最好的朋友遭遇失败时，我们会如何安慰他？我们可能会告诉他，“这没什么大不了的，每个人都会失败，重要的是从中吸取教训”。那么，当我们自己失败时，为什么不对自己说同样的话呢？

心理学家告诉我们，自我同情有强大的力量，它能帮助我们更好地处理失败带来的负面情绪。所以，当我们自己犯错或未达到预期时，试着像对待朋友一样对待自己，给自己一些宽容和理解，然后再思考如何改进。

（二）正视失败，合理归因

失败并不可怕，可怕的是逃避失败。当我们勇敢面对失败时，我们就能更清楚地看到问题所在，从而找到解决的方法。同时，我们也要学会合理归因，即找出导致失败的真正原因。

比如，当我们输掉了篮球赛，我们可以将其归因于自己技术不佳或团队合作不够默契等。但更重要的是，我们要思考如何通过训练和加强团队合作来提高自己的技术水平和团队的默契度，以便在下次比赛中取得更好的成绩。

（三）从失败中学习

每一次失败都是一次学习的机会。失败只是我们人生旅途中的一站，我们可以从失败中汲取教训，调整策略，以便在下一站中做得更好。成长型思维模式将失败视为提高自己的机会，而不是终点。

（四）设定适合自己的目标

目标是我们前进的动力。但是，如果我们设定的目标过高或不切实际，就很容易导致失败。因此，我们需要根据自己的能力范围设定适合自己的目标。如果我们在学习一门新的学科时感到困难重重，就要先从基础知识入手，逐步提高自己的理解能力和应用能力，稳步前进。同时，也可以寻求老师或同学的帮助，共同解决问题。这样才能在学习的过程中不断取得进步，最终实现自己的目标。

总之，面对失败时，我们要学会自我接纳与自我同情，正视失败并合理归因，从失败中学习并设定适合自己的目标。这样我们才能更好地应对挑战，不断前进并最终获得成功。

三、心理探索

（一）心理探索营之一

失败博物馆

指导语：画出心中失败的形象。在生命的哪个瞬间你真切地感受到失败？它也许是一朵流泪的花，也许是一盏熄灭的灯，也许是别的样子。想象一下，如果失败是一幅画，失败会呈现怎样的画面和色彩？

接着，写下这个让你感受到失败的事件或瞬间。它给你带来什么样的情绪，或者激发了你哪些思考呢？

思考与讨论：

1.同学之间自愿分享自己的失败经历和感受（遵循自愿原则）。

2.在这些分享中，有哪些故事让你印象深刻？哪些故事让你产生了共鸣？

3.失败真的只有消极意义吗？它是否存在积极的一面呢？如果有，你能想到哪些积极的影响？

（二）心理探索营之二

失败治愈室

如果有一样物品可以治愈失败，或者能在你遭遇失败时给你带来安慰，它会是什么呢？它又是由什么元素组成的呢？而你又需要通过什么样的努力来获得这些元素呢？

不要担心自己会经常出错，因为错误中有你可以学习的地方，真正的问题在于你如何从错误中吸取教训。保持开放的心态，学习爱迪生的精神——即使失败10 000次，也把它当作是发现了10 000种行不通的方法。你要允许自己偶尔失败，这样你才能更好地学习与进步。

（三）心理探索营之三

挫折扑克牌

活动目的：通过扑克牌游戏这一有趣的形式，帮助学生真实体验挫折感，学习如何调整情绪、积极应对，并培养他们的情绪管理能力和团队协作精神。

所需材料：

a.扑克牌。准备若干副扑克牌（去除大小王），确保每组学生都有足够的牌进行游戏。

b.计时器。用于精确记录每组学生的游戏时间，以便后续比较和讨论。

c.纸张和笔。供学生在活动过程中记录感想、心得和讨论内容，有助于他们更好地进行反思和总结。

活动步骤：

（1）活动介绍与分组：主持人先简要介绍活动的目的、意义和流程，强调活动的安全性和保密性，鼓励学生积极参与、真诚分享。随后进行分组，每组4～5人，确保每组成员具有多样性和互补性。分组完成后，主持人进一步明确游戏规则和注意事项，确保每个学生都清楚自己的任务和责任。

（2）挫折扑克牌挑战：每组学生围坐成一圈，将扑克牌平均分配给每个成员。游戏开始时，计时器同时启动。学生按照顺时针方向依次出牌，每人每次只能出一张，且牌面必须比前一个人的牌大。如果手中没有更大的牌，则需要从牌堆中抽取一张并放入自己的手中。同时，计时器增加相应的秒数作为惩罚。在游戏过程中，主持人密切观察学生的情绪变化和行为表现，及时给予引导和支持。例如，当某个学生因为连续抽牌而感到沮丧时，主持人可以鼓励他积极面对失败，调整策略或寻求队友的帮助。4分钟后，主持人宣布增加难度：每组选出一名“挫折者”，其任务是故意出大牌以增加其他队员的挫折感。游戏继续进行4分钟，直到每组都完成一轮出牌。此时，记录每组完成游戏所需的总时间。

（3）分享与反思：游戏结束后，每组学生围坐在一起，进行分享。首先，每个成员都可以谈谈自己在游戏过程中的感受和经历，特别是作为“挫折者”或受挫折者的体验。他们可以分享自己是如何应对挫折、调整心态的，以及从中学到了哪些宝贵的经验和教训。

（4）活动总结与激励：活动结束前，主持人对整个活动进行简要总结，鼓励学生在未来的学习和生活中积极面对挫折，勇于挑战自我。

四、心理拓展

（一）失败的心理学效应——习得性无助

习得性无助是指个体经历连续的失败或惩罚后，感到自己对一切都无能为力，从而放弃的心理状态。这种状态表现为消极、被动、缺乏自信和动力，即使面临自己可以掌控的情况，也倾向于认为自己无法改变结果。

马丁·塞利格曼在1967年进行了一项著名的动物实验。实验中，他将一只狗关在笼子里，每当蜂音器响起时，就对狗施加难以忍受的电击。由于狗无法逃离笼子，它在受到电击时只能在笼子里狂奔并发出惊恐的叫声。然而，经过多次实验后，当蜂音器再次响起时，狗不再狂奔，而是直接趴在地上，发出惊恐的叫声，即使电击还没有真正施加到它身上。在实验的后期阶段，当实验者在电击前打开笼门，狗并没有选择逃出笼子，而是不等电击出现就倒地呻吟和颤抖。这表明狗已经陷入了习得性无助的状态，即使有机会逃离困境，它也放弃了挣扎。这个实验反映了人类在面对类似困境时也可能陷入心理陷阱。当人们反复遭遇失败或挫折，感到自己无能为力时，可能会放弃尝试改变现状，陷入习得性无助的状态。

心理学研究发现，人们在面对失败时常常会产生三种错误的思维倾向：永久化、普遍化和人格化。这些错误的想法进一步加剧了习得性无助的负面影响，使我们陷入更深的困境。永久化让我们认为失败是永恒的，无法摆脱；普遍化让我们将一次失败推广到所有领域，认为这件事做不好，其他事也会做不好，觉得自己一无是处；人格化则让我们将失败归咎于自身，认为是自己的错才导致了这些坏事的发生，忽略了客观存在的事实。这些错误的思维方式不仅让我们无法正视失败，更阻碍了我们从失败中学习和成长。

就像前面所说，失败其实是成长的开始。为了克服习得性无助，我们首先要接纳失败是生活的一部分，这绝非屈服，而是正视现实，这样我们才能以更加积极的心态去迎接未来的挑战。同时，我们也需要深入挖掘失败的原因，并将其归咎于那些我们可以控制的内部因素。

首先，在遇到困境时，朋友、家人和老师的支持也很重要。我们可以向他们坦诚地分享我们的遭遇，倾听他们的建议，这不仅能帮助我们缓解情绪压力，还可能为我们带来新的启示和力量。

其次，我们也应该制订一个明确的行动计划。通过设定具体的目标和步骤，我们可以更有条理地应对挑战，逐步摆脱习得性无助的枷锁。

再次，保持乐观的态度和汲取失败的经验同样重要。保持乐观意味着相信自己有能力克服困难和挑战；而汲取失败的经验则意味着将每一次失败都视为一次宝贵的经历，避免再犯同样的错误。

最后，培养自信心和学会求助同样重要。可以通过参与各种活动、培养兴趣爱好以及取得小成就来逐步提升自己的自信心。当我们遇到难以克服的困难时，勇敢地寻求帮助、与他人共同探讨解决问题的方法也是我们走向成功的重要途径。

比起一开始就站在山峰，慢慢攀登直至到达山峰的过程不是更让人心潮澎湃吗？

（二）从失败中汲取力量——培养心理韧性

心理韧性是指个体在面对压力、挑战或逆境时，能够适应、恢复和成长的能力。它是一种内在的力量，可以帮助我们从失败中站起来，继续前行。

适应力是心理韧性的核心。一个适应力强的人能够接受变化并找到应对新情况的方法。他们不会在困难面前停滞不前，而是积极寻找解决问题的途径。

乐观主义是心理韧性的重要组成部分。乐观的人相信自己能够克服困难，他们看到的是困难背后的机会，而非绝望的死胡同。

自我效能感是指个体对自己应对挑战的能力所持有的信心。这种信心来源于过去的成功经验和对自己能力的准确评估。

情绪调节能力涉及个体有效管理和调整自己的情绪反应。能够控制情绪的人在面对挑战时更能够保持冷静和理性，从而做出更明智的决策。

那么，我们要如何培养心理韧性呢?

首先，建立支持网络是培养心理韧性的第一步。与家人、朋友和同事建立牢固的联系，可以在逆境中为我们提供情感支持和实际帮助。这些关系是我们面对困难时的避风港。

其次，积极应对。积极应对策略包括运动、冥想、呼吸练习等能够缓解压力的活动。这些活动有助于我们保持身心健康，增强面对挑战时的心理耐力。

再次，设定目标。目标是推动我们前进的动力。设定清晰、可实现的短期和长期目标，不仅可以给我们提供方向，还能帮助我们保持动力和专注。

最后，学习与成长是心理韧性的精髓。将失败视为学习的机会，总结经验，调整策略，不断成长。每一次失败都是一次成长的机会，让我们变得更加坚韧和有智慧。

心理韧性不是与生俱来的，而是可以通过实践逐步培养的。当我们学会从失败中汲取力量时，就能变得更加坚强和有韧性。无论生活给我们带来什么样的挑战，只要我们具备心理韧性就能够勇敢面对、不断成长，最终实现自己的目标和梦想。

参考文献：

[1]宛杰．社会心理学[M].3版．北京：人民卫生出版社，2018.

[2]吴庆麟，胡谊．教育心理学[M]．上海：华东师范大学出版

社,2018.

好书推荐:《原则》,中信出版社2018年版。

影片推荐:《肖申克的救赎》《风雨哈佛路》《当幸福来敲门》。

拥抱成长型思维

在成长的道路上，我们总会遇到各种挑战和困难。在我们的学习生涯中，每一次的成功与失败都是成长的足迹。而如何理性地看待这些经历，如何对这些失败进行合理的归因，就显得尤为重要。成长型思维是一种鼓励我们积极面对挑战、从失败中汲取智慧、从成功中保持谦逊的思维方式。它教会我们，无论是取得优异的成绩，还是遭遇挫折，都是我们成长过程中的一部分。我们应该学会在这些经历中寻找成长的机遇，而不是简单地将其归结为个人的能力问题。通过合理归因，我们不仅能够发现问题所在，不断调整自己的学习策略，不断提高自己的学习能力，还能更好地认识自己，激发内在的动力，不断挑战自我，实现自我超越。只有这样，我们才能在学习的道路上不断前进，不断成长。

一、心理导航

迈克尔·乔丹的故事

迈克尔·乔丹，美国篮球职业联赛（简称“NBA”）历史上的传奇人物，以其非凡的篮球天赋和卓越的职业精神，赢得了无数球迷的热爱和尊敬。在乔丹的职业生涯中，他始终坚信成功的背后是无数次的努力和付出。当他在比赛中取得惊人的表现时，他从不将胜利完全归功于自己的天赋，而是认为这是自己日常刻苦训练和团队协作的结果。乔丹深知，篮球是一个团队运动，一个人的成功离不开整个团队的支持和配合。因此，在取得胜利时，他总是将功劳分享给队友和教练，认为他们的付出同样重要。这种合理的归因让他始终保持谦逊和感恩的心态，也让他在团队中赢得了更高的声望和尊重。

同时，在遭遇失败时，乔丹也从不轻易责怪队友或教练，而是首先从自身找原因。他相信，一个人的成长和进步离不开对失败的反思和总结。因此，每次失败后，他都会认真分析自己的表现，找出自己的不足之处，并努力改进。这种勇于面对失败、合理归因的态度，让乔丹在职业生涯中不断成长和进步，最终成为了一代篮球巨星。

思考与讨论：

1.迈克尔·乔丹的成功是由哪些因素决定的？

2.遭遇失败时，迈克尔·乔丹是怎么做的？

3.你觉得一个人的成功与哪些条件是密不可分的？

心理学家卡罗尔·德韦克认为，决定人与人之间差异的不是天赋，而是思维模式。德韦克教授在《终身成长》中提出了两种不同的思维模式，即成长型思维和固定型思维。固定型思维的人认为人的能力和智力是固定不变的，拥有这样思维的人害怕挑战和失败，因为这会暴露他们的不足。相反，拥有成长型思维的人则认为人的能力和智力是可以通过努力和学习来提高的，他们乐于接受挑战并从中学习，将失败视为成长的机会。合理归因则是成长型思维的重要组成部分。合理归因是指对自己的成功或失败进行客观、准确的分析，从而更好地总结经验、提高自己。

二、心理之谜

（一）维纳的归因理论

美国著名的心理学家伯纳德·韦纳通过一系列研究把影响事件成功或失

败的主要原因归纳为四个方面：能力、努力、任务难度和运气。能力是一个人在完成一项目标或者任务时所体现出来的综合素质；努力是指一个人在完成任务的过程中所付出的精力，也就是说这个人是如何尽力而为的，而不是完成任务的成功程度；任务难度是凭自己经验判断该项任务的困难程度；运气是指在完成任务的过程中随机发生的一些事，这些事有可能有利于我们完成任务，也有可能不利于我们完成任务。

韦纳将这四个方面按照性质从三个维度进行分析，即控制性、稳定性和可控性。

（1）控制性：人们用来解释任务成败因素的来源，是来源于我们自身条件（内控），还是来自外在环境（外控），也就是我们常说的内因和外因。

（2）稳定性：影响成败的原因在性质上是否稳定，即在类似情况下这个因素是否具有一致性。

（3）可控性：影响成败的因素是否由个人意愿决定，即这个因素是否可以随自己的想法而改变。

根据这三个维度，能力、努力、任务难度和运气分别具有以下特点：能力是一种内部的、稳定的、不可控的因素；努力是一种内部的、不稳定的、可控的因素；任务难度是一种外部的、稳定的、可控的因素；运气则是一种外部的、不稳定的、不可控的因素。

（二）归因的动机功能

归因理论是一种比较系统的认知动机理论。韦纳等人认为一个人的归因风格特点与他的个性差异以及成长中的成败经验有关。对前一次成就的归因方式将会影响他对下一次行为的期望、情绪和努力程度等。我们对成功或者失败的解释会对以后的行为产生重大的影响。例如：将竞赛失败归因于努力不够，这可能会引起内疚的情绪并认为下次竞赛只要努力就有希望获奖。基于这样的归因，开始采取后继行动，如制订学习计划，努力学习等。

（三）成长型思维与固定型思维

固定型思维是一种认为智力和能力是固定不变的思维方式。持有这种思维的人倾向于相信自己的能力和特质是天生的，无法通过后天努力或学习来显著改变。他们通常害怕挑战和失败，因为失败会证明他们缺乏某种能力或天赋。对于固定型思维者来说，成功是他们证明自己智力和能力的唯一途径，而失败则意味着他们是不够好的。这种思维方式限制了他们的学习和发展，因为他们往往不愿意尝试新事物或接受挑战，以免面临失败的风险。

相比之下，成长型思维是一种认为智力和能力可以通过努力和学习不断提高的思维方式。持有这种思维的人相信，无论他们目前的水平如何，只要付出足够的努力和时间，他们就能够提升和发展自己的智力和能力。他们欢迎挑战和失败，因为这些经历可以为他们提供学习和进步的机会。对于成长型思维者来说，失败只是他们前进道路上的一个暂时的障碍，而不是终点。他们愿意从失败中吸取教训，调整自己的策略和方法，并继续朝着目标前进。

三、心理探索

（一）心理探索营之一

思维大考验

请分析下列案例中同学的想法，判断哪些属于固定型思维，哪些属于成长型思维。

1.小贾同学英语成绩一直不怎么好，他觉得自己每次背单词第二天就忘记了，还不如不背。他心里想也许自己天生就不是学习英语的料，再努力也没用，何必浪费时间在英语上。

2.小赵同学在参加学校的科技创新比赛中，作品没有获得奖项。他虽然有点难过，但是后来想想这次经历其实也是有收获的，比如积累了很多经验，知道了自己作品的不足之处。他积极向老师和同学请教改进的方法，准备下次比赛继续努力。

3.小张同学数学成绩一直不错，所以在老师的推荐下参加了一个比较权威的数学竞赛。最近，他在练习时遇到一道道难题，他开始怀疑自己，害怕不能在比赛中获得好的成绩，害怕别人说他其实没那么厉害，心里有点后悔报了名。

4.小李同学成绩中等，有一次考试突然考得很好，进步很大。从那之后，小李很害怕自己成绩下降，想维持住现在的名次。可是，却出现了听课注意力不集中，写作业遇到难题就写不下去等情况。

（二）心理探索营之二

小华的烦恼

小华在初中时担任班长，成绩也很好，老师和同学们都很喜欢他。不过自从上了高中后学习任务加重了很多，他每天学习到很晚，但是成绩却没有起色，经常觉得自己的付出与回报不成正比，看到其他同学轻松取得好成绩，他会感到焦虑和自卑。他尝试模仿其他同学的学习方法，但效果并不理想。看到之前学习成绩不如他的好朋友现在成绩也超过了他，他的心里特别不是滋味。睡觉前他总会想很多，有时候甚至怀疑自己是不是太笨，不适合高中的学习。他担心睡不好会影响第二天的学习、担心家人会对他很失望、担心以后考不上理想的大学了……这些问题让小华经常失眠，严重的时候几乎一夜都睡不着，成绩也下降了不少。小华很烦恼，不知道该如何才能走出这样的困境。

思考与讨论：

1.小华遇到了什么样的困难？

2.他是怎样将失败归因的？这样的归因对他会产生什么样的影响？

3.我们如何才能帮助他走出困境呢？

（三）心理探索营之三

我的归因方式

活动目的：通过活动探索，帮助学生了解考试归因方式对自己后续行为的影响进而找到合理归因的方法。

活动步骤：

（1）指导语：请找到一个比较舒服的姿势坐好，闭上双眼，慢慢地调整自己的呼吸，让呼吸变得缓慢而有规律……你现在坐在教室里，老师拿来了刚刚考过的试卷发放给大家。你拿到了试卷，看到了上面的分数，你的心情是开心还是难过呢？不管是什么情绪，它都是正常的，请允许自己感受这些情绪一会儿。慢慢地你的情绪得到了缓和，你开始思考自己为什么会出现这些情绪，思考这些科目里你最在意的是哪个科目，这次考试是考得很好还是不好。慢慢地你开始回顾最近的学习情况，开始思考有哪些原因导致了这样的结果。不管这次考得如何，都已成为过去。暂时的成功不是终点，暂时的失败也不是终结，把目光放得长远一些，把握现在，才有机会改变未来……现在你可以慢慢地睁开你的眼睛，回到现实中来。

（2）归因分析：请根据刚才冥想的内容，回顾上一次考试经历，写下影响自己考试结果的3个主要因素，并思考这样的归因会如何影响你的后续行为。

①________（原因）→__________/__________（情绪情感或行为期望）→ __________（后续行为）；

②________→__________/__________→________；

③________→__________/__________→________。

（3）思考自己面对困难和失败时，有没有出现过固定型思维的想法，你是如何将其转变为成长型思维的？

四、心理拓展

（一）培养成长型思维的方法

1. 接受挑战和失败

成长型思维强调从挑战和失败中学习。要培养这种思维，首先要接受挑战和失败是成长的一部分。当你遇到挑战时，不要害怕尝试和失败，而是要把它们视为提升自己的机会。

2. 关注过程而非结果

固定型思维往往关注能力和表现，而成长型思维则更加关注学习和成长。要培养成长型思维，你可以将注意力放在学习和成长的过程上，而不是过分关注结果。同时，要坚定无论结果如何，只要过程中尽力了，就不后悔。这样可以帮助你更好地享受学习的过程，并从中获得更多的成长。

3. 接受反馈并改进

成长型思维强调从反馈中学习。要培养这种思维，你需要接受他人的反馈和建议，并把它们作为改进自己的机会。同时，也要学会自我反思，找出自己的不足和需要改进的地方。

4. 保持好奇心和探索精神

成长型思维鼓励保持好奇心和探索精神。要培养这种思维，你可以尝试新事物，学习新技能，或者从不同的角度思考问题。这有助于你拓展自己的视野，发现自己的潜力和新的可能性。

5. 对成功进行多样化的定义

成长型思维对成功的定义不是单一的，而是从多方面进行定义，只要有收获和进步也是一种成功。相比获得别人的认可，拥有成长型思维的人更关注是否超越了自己。如在长跑的赛场上坚持完成任务不放弃是一种成功；在执行任务中学习到了新的知识和技能也是一种成功。

6.培养自信和积极心态

成长型思维强调自信和积极心态的重要性。要培养这种思维，你需要学会相信自己的能力，并在面对挑战和困难时相信只要努力的方向和方法是对的就一定会有收获。当遇到挫折时，可以思考如何从失败中吸取经验教训，并继续前进。

7.与拥有成长型思维的人交往

与拥有成长型思维的人交往，从他们身上学习并受到启发。这有助于你更好地理解和应用成长型思维。

（二）将固定型思维转变为成长型思维的方法

将固定型思维转变为成长型思维是一个循序渐进的过程，涉及思维模式的改变和行为习惯的形成，通常需要经历以下四个步骤：

第一，我们需要接受自己的固定型思维是存在的。每个人在不同阶段或对待不同事件时或多或少都存在固定型思维，这是很正常的，不必因自己有固定型思维而烦恼。我们需要认识到自己有时候会对某些情境或事件产生固定的、局限性的思考方式。接受这一点是思维转变的第一步，因为只有当我们意识到问题所在，我们才能开始寻找解决方案。比如，当你觉得数学好难，觉得自己学不好数学时，接受的第一步是承认这种思维模式的存在，并意识到它可能限制了你在数学方面的表现。

第二，我们需要仔细观察自己的固定型思维是如何运作的。这包括注意自己在面对困难、挑战或失败时的反应和想法。通过观察，我们可以更深入地了解自己的固定型思维模式，从而更准确地识别出它何时出现。比如，在接下来的日子里，每当你在学习数学时，刻意观察自己的反应和想法。你可能会发现，当你在学习数学遇到困难时，你会感到沮丧或无助，你的固定型思维就会告诉你："这太难了，我做不到。"通过仔细观察，我们可以更加清晰地认识到这种思维模式的运作方式，进而更好地了解它的特点和触发因素。

第三，给自己的固定型思维取一个名字，这有助于我们更具体地识别和对抗它。当我们意识到自己的固定型思维正在作祟时，我们可以提醒自己："哦，这是我的'固定型思维'在说话。"为了更具体地识别这种固定型思维，你可以给它取一个名字，比如"数学恐惧症"。每当这种思维出现时，你就可以提醒自己："哦，这是我的'数学恐惧症'在作祟。"这样做有助于你更快地意识到问题的存在，并采取措施解决。

第四，我们需要通过努力和自我提升来改变我们的固定型思维。这包括学习新的思维方式、接受新的挑战、寻求反馈并持续改进。通过不断学习和实践，我们可以逐渐培养出成长型思维，学会以更积极、更灵活的方式来看待自己和世界。为了改变固定型思维，你开始采取积极的行动。你寻找了一位数学老师，向他请教如何有效地学习数学。你开始尝试解决一些以前认为无法解决的问题，每次解决后都给予自己积极的反馈。此外，你还参加了一些数学竞赛和讨论会，与其他对数学感兴趣的人交流。通过这些努力，你逐渐培养出了成长型思维，开始相信自己可以通过不断学习和努力来提高数学能力。

这四个步骤需要我们在日常生活中不断实践和反思。通过努力和自我提升，我们可以逐渐将固定型思维转变为成长型思维，从而更好地应对生活中的困难和挑战。

参考文献：

[1]伯纳德•维纳.动机和情绪的归因理论[M].林钟敏，译.福州：福建教育出版社，1989.

[2]卡罗尔•德韦克.终身成长[M].楚祎楠，译.南昌：江西人民出版社，2017.

好书推荐：《终身成长》，江西人民出版社2017年版；《决策与判断》，人民邮电出版社2004年版。

影片推荐：《心灵捕手》《放牛班的春天》。

积极的力量

我国社会发展迅速，人们的生活水平显著提高。但是，我们面临的心理挑战有增无减，社会中普遍存在一些急躁、烦恼、焦虑、担忧的情绪。这些情绪也在无形之中影响着青少年群体。中学生心理普查数据显示，近四分之一的中学生面临着心理挑战，其中焦虑、迷茫、自责、抑郁等情绪经常出现。大部分中学生可能比较多地关注自己的缺点和不足，而较少关注自己的优势和成就，这种倾向会导致他们自我评价较低、常常怀疑自己的能力或过分苛责自己。长此以往，可能会引发对自身和环境的不满，甚至失去对生活的热爱和追求。因此，本部分内容旨在借助积极心理学的理论，引导学生探索并发挥自己的内在优势，改变消极的思考方式，促成个人的发展。通过这种方式，学生能够认识到每个个体都有自己独特的闪光点，从而获得积极的力量，激发对生活的热爱。

一、心理导航

小宇的困境（一）

小宇是一名高一年级的学生。他在初中时性格开朗，和同学相处愉快，成绩也很好。中考时，由于状态不佳发挥失常，和梦想的重点高中失之交臂，考到了一所普通高中。一整个暑期，他都觉得自己有些失败，郁郁寡欢。等到高一开学后，他学习的劲头也一般般。第一次月考，他的学习成绩在班级只是中等，这让他再度认为自己是一个失败的人，和身边同学的关系也更加疏远了。

思考与讨论：

1.小宇遇到了什么问题？

2.他为什么会这样？

3.你遇到过类似的问题吗？当时你是怎样应对的？

小宇的困境（二）

虽然小宇中考没有发挥好，但其实他的中考成绩在现在的高中算是很好的。开学一个月，小宇成绩的下滑，引起了班主任的注意。班主任李老师发现他除了成绩下降，也几乎不参加集体活动，平时也不和同学交流。于是，李老师主动找他沟通，发现他很消极，几乎完全否定自己，对未来的生活也不抱有任何希望。于是，李老师鼓励小宇去找心理老师，也许心理老师能够帮助他化解困境。小宇很有勇气，主动去找了心理老师。经过了半个学期的心理辅导，小宇对生活的态度悄悄发生了转变。他脸上终于有了笑容，还踊跃参加学校的文艺演出，天天练习已经许久没动的钢琴，并为班级节目伴奏。小宇的学习状态也大有起色。他说："原来我并不是一个失败者，我还可以做好很多事，让我的生活变得精彩！"

思考与讨论：

1.小宇最大的变化是什么？

2.他是通过哪些行动让自己的生活重新焕发活力的？

学习也好，生活也好，它们就像是一场未知的旅程。途中，难免有磕磕碰碰，难免有起起伏伏。生活本身也正是因为它的不确定性而充满多样性，变得生动、鲜活。如果我们因眼前的失意、困境，无休止地责怪自己、否定自己，只关注自己失去了什么、没做到什么，那么，我们大概只能深陷泥淖，难以自拔。怎样才能转变这种境况，开启新的旅程呢？无疑，我们要获得前进的力量。外在的力量通常是难以预料和控制的，而激发内在的力量才能获得持续的动力。我们应该问问自己：我做到了什么？获得了什么？还拥有什么？还能创造什么？通过从积极的角度去探索和发掘我们的优势并充分发挥它们，才能调动内在的力量，重新燃起对生活的热情。而当你积极投入生活时，必然会体验到生命的价值，获得心理上的成长，收获属于自己的精彩。

二、心理之谜

积极心理学所提到的24项人类的优势，它们分别是好奇心、热爱学习、判断力、创造性、社会智慧（情商）、洞察力、勇敢、毅力、正直、仁慈与慷慨、爱与被爱、公民精神（团队精神）、公平与公正、领导力、自我控制、谨慎、谦虚、对美好的欣赏、感恩、希望、信仰、宽恕与慈悲、幽默、热情。这些优势是可以测量的，也是可以通过后天培养的。

每个人都拥有不同的优势。在生活中将自己的优势充分发挥出来，有助于我们体验到更多的获得感和成就感，增加我们对生活的满意度。这些积极的感受还可以帮助我们抵抗一些生活中的挫折和失意。同时，这也是在积累应对未来挑战的心理资源。

比如开篇心理导航中的小宇。从他的经历中，我们可以看到，他至少拥有改变自己的勇气，他找到了帮助自己走出困境的心理老师，也在学校的演出中尽自己最大的努力为班级争取荣誉。更重要的是，通过这些努力，小宇体验到了获得感、成就感，借此克服了中考失利带来的不快和失落。可以说，他找到了困境的突破口，重新燃起了对生活的希望。不难想象，小宇接下来一定会积极地投入生活，不断获得心理上的成长和进步。

三、心理探索

（一）心理探索营之一

我的高光时刻

在你眼中，什么是高光时刻？我想，它并不一定是在学习或工作中取得多大的成功，也不一定是在某个领域达到非凡的成就。它可能是在平凡的生活中，通过自己的努力和坚持，克服困难和挑战的过程，或是尽自己最大的能力和善意，为别人提供帮助时，那些让自己感到骄傲和自豪的瞬间。每个人都有属于自己的高光时刻，请你回顾自己的生活，分享三个你记忆犹新的高光时刻。请描述出人物、时间、事件。

思考与讨论：

1. 在这些高光时刻的背后，你遇到过什么困难，又是如何克服的？

2. 再次回顾这些高光时刻，你发现了自己的哪些优势？请结合前面介绍的24项优势来说一说。

（二）心理探索营之二

我的优势

指导语：你知道自己还拥有哪些优势吗？请你认真、如实地完成下面的优势调查表（见表6-1），你的选择将会告诉你答案。请在与你的情况相符的得分上打“√”。

表6-1　优势调查表

24项优势	鉴别优势的问题	非常符合	符合	一般符合	不符合	非常不符合
1.好奇心	我对世界总是很好奇	5	4	3	2	1
	我很容易感到厌倦	1	2	3	4	5
2.热爱学习	每次学新东西我都很兴奋	5	4	3	2	1
	我从来不会特意去参观博物馆或其他教育场所	1	2	3	4	5
3.判断力	不管是什么问题,我都可以很理性地去思考它	5	4	3	2	1
	我经常会草率地作出决定	1	2	3	4	5
4.创造性	我喜欢以不同的方式去做事情	5	4	3	2	1
	我的大多数朋友都比我有想象力	1	2	3	4	5
5.社会智慧(情商)	无论是什么样的社会情境我都能轻松愉快地融入	5	4	3	2	1
	我不太知道别人在想什么	1	2	3	4	5
6.洞察力	我可以看到问题的整体方向	5	4	3	2	1
	很少有人向我求助	1	2	3	4	5
7.勇敢	即使我很害怕,我仍会坚持下去	5	4	3	2	1
	痛苦和失望常常打倒我	1	2	3	4	5
8.毅力	我做事都有始有终	5	4	3	2	1
	我做事时常会分心	1	2	3	4	5
9.正直	我总是信守诺言	5	4	3	2	1
	我的朋友从来没说过我是个实在的人	1	2	3	4	5
10.仁慈与慷慨	上个月我曾主动帮助别人	5	4	3	2	1
	我对别人的好运不像对我自己的好运那样激动	1	2	3	4	5

续 表

24项优势	鉴别优势的问题	非常符合	符合	一般符合	不符合	非常不符合
11.爱与被爱	在我的生活中,有很多人关心我的感受和幸福感,就像关心他们自己一样	5	4	3	2	1
	我不太习惯接受别人对我的爱	1	2	3	4	5
12.公民精神(团队精神)	为了集体,我会尽最大努力	5	4	3	2	1
	我对牺牲自己的利益去维护集体的利益很犹豫	1	2	3	4	5
13.公平与公正	我对所有人一视同仁,不管他是谁	5	4	3	2	1
	如果我不喜欢这个人,我很难公正地对待他	1	2	3	4	5
14.领导力	我可以让人们为了共同的目标而努力,通常还能赢得朋友或队友的信赖与尊敬	5	4	3	2	1
	我对计划集体活动不太在行	1	2	3	4	5
15.自我控制	如果有必要,我随时都可以停下来,不玩手机、不玩电子游戏或不看电视	5	4	3	2	1
	我总是迟到,或迟交作业	1	2	3	4	5
16.谨慎	我尽量不参加有危险的活动	5	4	3	2	1
	我从不担心环境或朋友会带来麻烦或危险	1	2	3	4	5
17.谦虚	当人们称赞我时,我常转移话题	5	4	3	2	1
	我常常谈论自己的成就	1	2	3	4	5
18.对美好的欣赏	在过去的这个月,我曾被音乐、艺术、戏剧、电影、运动、科学或数学等领域的某一个方面感动	5	4	3	2	1
	我不喜欢创造美好的事物,比如绘画、写作、摄影等	1	2	3	4	5

续 表

24项优势	鉴别优势的问题	非常符合	符合	一般符合	不符合	非常不符合
19.感恩	即使别人帮我做了很小的事情,我也会很感恩	5	4	3	2	1
	我很少停下来想想自己有多幸运	1	2	3	4	5
20.希望	我总是能看到事情美好的一面	5	4	3	2	1
	我很少对要做的事情有周详的计划	1	2	3	4	5
21.信仰	我对人生有强烈的目标感	5	4	3	2	1
	我的人生没有目标	1	2	3	4	5
22.宽恕与慈悲	过去的事我都让它过去	5	4	3	2	1
	我认为有仇不报非君子,总要报了才甘心	1	2	3	4	5
23.幽默	我总是努力让任务变得有趣	5	4	3	2	1
	我很少讲述有趣的事	1	2	3	4	5
24.热情	我对每一件事都全力以赴	5	4	3	2	1
	我做事总是拖拖拉拉	1	2	3	4	5

进行统计分析时，请将每项优势对应两题的得分相加，得分达到9分及以上的，说明这是你的突出优势；得分达到7～8分的，说明这是你的潜在优势。

（三）心理探索营之三

让优势流动

活动目的：通过团体活动，帮助学生进一步认识和探索自我的优势，同时体验展现优势带来的美好感受。引导和鼓励学生多认识自己的优势、发挥优势，以及通过不同的途径培养优势，从而减少自我批评的倾向，增强积极发展的内在动力。

活动步骤：

（1）指导语：一个人展现自己的优势不仅不会减少他人展现的机会，反而会使他们被这种自信的行为所感染和激励，并由衷地赞赏。下面就以小组为单位，分享各自的优势，让我们的优势流动起来，一起来感受它带来的积极影响。

（2）请每位成员选择一个自己的优势，讲述你曾经做过的最能体现这个优势的事情。注意避免使用抽象或笼统的描述。

（3）请小组其他成员说一说你的其他优势，并讲述一件能够体现这个优势的事情。

（4）思考：结合你目前拥有的优势，或者你未来想拥有的优势，说一说你可以通过哪些方法来培养这些优势。

（5）分享：请同学们分享在活动中的感受，以及你们认为有效地培养优势的方法。

四、心理拓展

同学们都希望在生活中保持良好的状态，对未来充满信心和希望。而通过发挥自身优势，我们也确实获得了很多积极的力量。但现实生活中难免会遇到一些挫折和困难，让我们感到焦虑、迷茫和无助。这时有的人会忽略自己的优势，开始怀疑自己甚至否定自己，结果和自己期望的状态背道而驰。此时，消极的想法充斥着自己的内心，关闭了自己发挥优势的大门，切断了通往积极体验的道路，将自己带入一个糟糕的境地。这时，我们就束手无策了吗？我们真的一无是处吗？我们真的永远都做不成一件事了吗？很显然不是。我们此时需要找到一把“并不是这样”的钥匙，重新开启这道沉重的大门。这把钥匙就是“反驳消极的想法”。该如何反驳呢？我们可以运用积极心理学家马丁·塞利格曼推荐的“ABCDE模式”来反驳。如果在不好的事情发生后，我们有效地反驳了自己的消极想法，我们便可以改变自己对不好事件的反应方式，使自己变得更有朝气，从而改善消极情绪状态。

（一）“ABCDE模式”的5个要素

（1）“A”（Adversity）：代表不好的事情，即触发情绪反应的具体事件。

（2）“B”（Belief）：代表对事件的解释和想法。即你对不好的事情的看法。

（3）“C”（Consequence）：代表由信念“B”引发的后果。即想法对你产生的影响。

（4）“D”（Disputation）：代表反驳自己的消极想法。

（5）“E”（Energization）：代表通过反驳带来的情绪和行为上的积极变化。

（二）反驳的4种途径

（1）证据：反驳一个消极想法最有力的方法就是提出证据，来证明这个想法是不对的。

（2）其他可能性：绝大部分事情的发生都不会只有一个原因。在搜寻原因时，要找出所有可能的原因。

（3）暗示：当你认为消极想法是对的时，你要问自己：“这个想法的后果到底是什么呢？真的糟糕至极了吗？”当你问了自己这个问题后，接下来再重复“证据”搜集的过程。

（4）用处：坚持那些消极的想法，对你有什么好处？如果它只会让你感到更加难过，何不选择不再去想它。你应该换个角度去想想：这种情况还可以改变吗？该如何改变呢？

下面让我们通过两个例子来看一看。

【例一】

“A”：小天是个上进心很强的人，高二分班后，他希望自己的成绩能在班级排名前十。可是最近半个学期，他经历了两次考试，成绩都不理想，甚至有一次只排在班级二十几名，这让他感到很着急、对自己很失望，他开始自责：“我怎么就赶不上别人？怎么就考不好呢？”

“B”：这样下去高考肯定没有希望了。

“C”：他越来越没有自信，考试时更加焦虑，成绩也越来越不好了。

“D”：我高一时的成绩一直都挺好，只是最近两次考试不理想，这只是暂时的下滑，并不能代表高考就没希望了。也许最近两次没有考好，是因为生病请假，错过了一些知识点的学习，复习也没有到位。即便高考没能如愿，生活还是会继续。很多人高考失利后依然能够奋发图强过上精彩的生活。我这样认为自己高考没有希望，对我没有任何帮助，只会让我更加沮丧。何必还要这样想？不如想想成绩下滑的原因，看看如何改变它。

“E”：冷静分析，找到成绩下滑的原因，并尝试一一克服。

【例二】

“A”：小文是一名高一的学生。她从小喜爱阅读，知识面很广，担任班级的语文课代表。学校宣布即将举办一场演讲比赛，每班可以推荐一名学生参加。班主任选了三名同学备赛，两周后在班级预选。小文是其中的一个。另外还有一个学习过播音主持的女生和一个有过比赛经验的男生。

“B”：哦，完了。他们一个有功底，一个有经验，我两样都没有，我该怎么办啊？到时候在班级预选，我要是讲不好，在班级同学面前多丢人啊。

“C”：我非常焦虑、担心，无法专心下来准备。

“D”：我没有学过播音主持，没有参加过演讲比赛，但我的普通话讲得也很好，我一直喜欢阅读，每次作文也都写得很好，写演讲稿对我来说不是难事。这些都表明，我未必讲不好。每个人参加比赛都会紧张，但我不应该忽视自己的优势只看到自己的不足。我并不是没有能力参加这个比赛。班主任选我备赛是因为他相信我可以做得好。我也应该对自己有信心。即使最后我没有选上，也不能代表我是个失败的人，最多说明这件事我还需要锻炼。我现在陷入自我否定的消极认识中，对我没有任何帮助，只会让我更没有信心，更焦虑。何必还要这样想？不如想想如何准备演讲，发挥自己的优势，突出亮点。

“E”：我现在冷静下来了，可以专注于准备演讲稿了。我决定写好后先在家人面前演练两次，再去找语文老师指导。现在我有点期待这个挑战了。

从上面的例子可以看出，我们很多的焦虑、担心、失望、无助等往往都是由我们消极的、片面的想法引起的，事情本身也许并没有我们想象得那么糟糕，甚至有时本来是好事。只是因为消极的想法把好事变成了我们眼中的坏事。所以，从现在开始，每当你感觉自己陷入消极、悲观、绝望、无助等糟糕状态的时候，都可以使用这个“ABCDE模式”来应对消极的情绪和想法，并将过程记录下来。一般你都会获得新的力量，找到解决问题的办法。

消极的想法往往会限制我们的视野，让我们只看到困难和自身不足，而忽视了自身的优势。当我们学会反驳自己消极的想法，转而以积极的心态去看待生活时，我们就能发现更多的机会，看到自己的优势并有力量去发挥它们。每个人都有优势和自己独特的闪光点。当我们努力发挥自己的优势时，我们就能收获到许多积极的体验。这些体验不仅让我们感到快乐和满足，还能赋予我们很多力量，激发我们更多的动力和信心去迎接未来的挑战。这时，我们的心灵在成长、生命在发光，我们也逐渐找到了人生意义的上升之路。

参考文献：

马丁·塞利格曼．真实的幸福[M]．洪兰，译．杭州：浙江教育出版社，2020.

好书推荐：《真实的幸福》，浙江教育出版社2020年版；《活出最乐观的自己》，浙江教育出版社2021年版。

影片推荐：《阿甘正传》《当幸福来敲门》。